中国体育学文库

| 体育教育训练学 |

课堂情境兴趣优化探究

—— 以三大球为视角

高鹏飞　著

北京体育大学出版社

策划编辑　孙宇辉
责任编辑　吴　珂
责任校对　田　露
版式设计　张彩霞

图书在版编目（CIP）数据

课堂情境兴趣优化探究：以三大球为视角/高鹏飞
著．--北京：北京体育大学出版社，2022.1
　ISBN 978-7-5644-3548-6

　Ⅰ.①课… Ⅱ.①高… Ⅲ.①球类运动-教学研究
Ⅳ.①G849.9

　中国版本图书馆 CIP 数据核字（2022）第 013794 号

课堂情境兴趣优化探究：以三大球为视角　　　　高鹏飞　著
KETANG QINGJING XINGQU YOUHUA TANJIU: YI SANDAQIU WEI SHIJIAO

出版发行：北京体育大学出版社
地　　址：北京市海淀区农大南路 1 号院 2 号楼 2 层办公 B-212
邮　　编：100084
网　　址：http://cbs.bsu.edu.cn
发 行 部：010-62989320
邮 购 部：北京体育大学出版社读者服务部 010-62989432
印　　刷：北京昌联印刷有限公司
开　　本：710mm×1000mm　1/16
成品尺寸：170mm×240mm
印　　张：11
字　　数：122 千字
版　　次：2022 年 1 月第 1 版
印　　次：2022 年 1 月第 1 次印刷
定　　价：85.00 元

内容简介

　　强化青少年体育、激发运动兴趣、振兴三大球（篮球、排球、足球）一直是体育学界研究的热点和关键词。无论是在政策方面还是实践层面，我国历来重视强化青少年体育参与和三大球振兴。如何把"振兴三大球"和"强化青少年体育"有机地统筹在一起，进而破除"卡脖子"现象，显得尤为紧迫和重要，急需在理论和实践方面给予学理关照和回应。

　　国务院办公厅2016年5月印发的《关于强化学校体育促进学生身心健康全面发展的意见》中明确指出"学校体育仍是整个教育事业相对薄弱的环节"。学校体育依然存在"专项化教学薄弱""体育课难以开足开齐"的现实困境。当前，体育课在大班制教学和课时不足的背景下，存在明显的"学生喜欢三大球运动而不喜欢三大球体育课"的现象。因此，本书以情境兴趣作为切入点，探讨如何提升学生的乐学情绪体验，进而培养学生的个体兴趣。本书的研究基于教育学学习理论、运动项目发生学、人类学等多学科理论构建三大球课堂情境兴趣理念；基于 NVivo 12 plus 质性分析软件，对青少年三大球参与体验的生活史原始资料进行创建自由节点、编码和主题聚类编码，最后形成个人情境、项目情境、正向情绪体验、负向情绪体验、有效教学、选课和参与动机、象征体系、文化贫穷、同伴支持、体育参与性别偏好、体育参与性别失衡、体育参与的外部控制、身份认同、社会支持系统、参与体验、群体氛围、器材软式化、流行异域文化、代际阻断、代际冲突、城乡二元结构、榜样示范，共22个有意义的主题。本书的研究从学生对三大球偏好的情境路径依赖、课堂教学内容情境入手，挖掘三大球课堂中影响情境兴趣刺激源变量的要素，在操作层面对三大球课堂情境兴趣优化进行创设，进而为如何激发学生三大球课堂兴趣、课堂参与的内生动力，乃至促进青少年体育参与提供具体的参考。研究结论如下。

1. 三大球课堂情境兴趣优化的核心理念，是创设和构建三大球运动项目自在趣味性情境要素与学生对项目的致趣点融合、练习任务难度与学生能力相匹配的情境。

2. 学生对三大球偏好行为的情境依赖度不一。具体表现：（1）观看、喜欢与运动参与之间的关系比较复杂，喜欢不能简单地等同于运动实践参与；（2）运动参与和运动兴趣的发生、发展之间存在着非线性关系；（3）运动实践参与导致运动兴趣发生，与学生体验三大球运动项目情境的整体性和集体情感仪式分享密不可分；（4）个体因素、群体因素和社会因素共同造成学生三大球实践偏好行为的发生。

3. 学生对三大球偏好行为的宏观情境依赖源于球趣及其不确定性和集体仪式情感分享。篮球课堂情境兴趣优化就是要构建对抗下的情境、争夺球权拼抢的情境、比赛的情境，能提供给学生投篮机会的、投传运突组合的复杂情境；排球课堂情境兴趣优化应该结合排球比赛情境、结合球的练习，以能接住、打过去为目标；足球课堂情境兴趣优化要围绕球权的拼抢情境、推进情境和射门情境展开。在三大球的课堂教学中还要注意器材软式化，以及练习任务要求应尽可能与学习个体的特征、能力水平相匹配。

4. 三大球课堂情境兴趣优化的教学案例支持了三大球课堂情境兴趣优化理论的实效性。三大球情境兴趣教学案例表明，构成体育情境兴趣维度的愉悦感、注意力、挑战性与三大球课堂情境兴趣的相关性很高。而体育情境兴趣维度的探索性偏向于认知方面，新颖性分数的高低也与准备活动的形式和内容相关，不能强有力地解释三大球主体课堂情境兴趣的高低。

5. 青少年三大球参与行为和偏好的路径依赖具有多元、异质和复杂性特征。青少年三大球参与行为在很大程度上是基于三大球项目情境、个体情境以及在二者互动中所凸显和隐喻的社会结构和文化等宏观情境。研究发现，社会文化结构情境是限制或促进青少年三大球参与的调节变量，但与此同时，主体行动者的积极行为也会有反向作用，进而调适或改变现有的适合文化结构的倾向性和意向性行为。三大球体育实践课在学校体育中难以得到保障，既有体育课被文化课挤占的教育失范，也有被广播体操挤占、体育老师放羊式教学、对男女生区别对待、竞赛体验性不足的体育行业失范。体育术科学科化应试，体育影子教育中所蕴含的应试主义背离了素质教育的初衷。其社会失范主要表现为传统文化习惯对体育的排斥和偏见。研究还发现，这种被视为体育文化贫穷的习惯可以在代际间传递，因此，重构情境兴趣的路径应该坚持三大球项目为体、情境兴趣优教的原则；顶层设计上要以学生为中心，以求建立青少年体育参与的强大社会文化支持网络。

目　录
CONTENTS

第一章　研究缘起

三大球运动在我国历来是最受欢迎和重视的运动项目。中华人民共和国成立前，延安篮球运动开展得轰轰烈烈，中华人民共和国成立后仅三年，三大球便率先组建了国家代表队。尽管国家历来重视三大球，国家体育总局也多次号召要在三大球项目上有所突破，然而现实中却是三大球成绩的不尽如人意。那么与竞技成绩密切相关的三大球活动和学校体育中的三大球课堂教学效果又如何呢？

笔者于 2011 年 9 月 8 日晚在某大学篮球馆组织的篮球少儿训练班活动中，观察某教练辅导一名小女孩练习三步上篮动作；教练耐心地讲解、示范，不厌其烦地纠错，小女孩认真地、按部就班地在成人简易篮球架下练习。在笔者 47 分钟的观察中未发现小女孩投中一球。休息时间，在征得小孩家长同意后，我和小女孩聊了几句，首先表扬她练习刻苦，然后话锋一转问她："你觉得这节课好玩吗？"小女孩回答："比我在家做作业好玩，篮圈太高了，要是球进了就更好玩。"从此以后，小女孩的回答一直在我耳边回荡，引发我的思考。篮球课外辅导班是这样，那么学校体育课又究竟是怎样呢？早在 2001 年中国体育报的调查就显示 95% 的学生喜欢体育运动，但同时又有85%的学生不喜欢体育课,在10年后的2011年依然没有多少改变。

我们的三大球体育课究竟有无问题,问题出现在哪里?

在笔者撰写毕业论文的过程中,实地调研了X大学的足球课,通过对大一学生的调查发现,他们竟然整个学期都在学习颠球,任课教师说这是基于教学进度和大纲的要求。也就是说,传统三大球教学中存在单一机械的教师教动作、学生练动作、考试考动作的现象。在三大球课堂教学中由于过分强调动作规格与规范,而忽视了对运动项目整体性和真实的运动情境的考量,进而导致学生存在学了不会打、学了不会踢、学了打不起来的问题。该现象在一定程度上忽视了三大球运动项目情境的整体性、复杂性和真实性。

第一节　研究渊源与问题的提出

三大球体育课堂情境兴趣优化的理论与实践研究,源于深化体育教学改革中的现实需要,源于对体育教学现实中过分重视"规律性"的反思,源于对三大球传统教学思维方式的批判性思考。

一、研究源于深化体育教育教学改革的现实需要

学校体育课时数不足,加之体育课教学效益低下,旧的教学模式和旧的质量效益观仍在延续。学生喜欢体育活动不喜欢体育课的问题,引发了一系列体育教学改革。早在2001年的体育课程改革中,就在课程价值取向上确定了以学生的发展为本位、从学生的运

动兴趣出发、体验运动乐趣、获得运动技能，为其终身体育奠定基础。

　　国务院办公厅和教育部于 2012 年直接对学校体育课和体育课外活动做出具体的指示，具体指出要创新体育活动内容、方式和载体，增强体育活动的趣味性和吸引力，着力培养学生的体育爱好、运动兴趣和技能特长。每个学生至少学会两项终身受益的体育锻炼项目，养成良好的体育锻炼习惯和健康的生活方式。《关于进一步加强学校体育工作若干意见》较好地梳理了运动兴趣、体育爱好和体育习惯的关系，由此可见"体育活动的趣味性""运动兴趣和爱好培养"的重要意义①。此外，2013 年 11 月，中国共产党第十八届中央委员会第三次全体会议通过了《中共中央关于全面深化改革若干重大问题的决定》，其中第十二条在深化教育领域综合改革中明确提出要"形成爱学习、爱劳动、爱祖国活动的有效形式和长效机制，增强学生社会责任感、创新能力、实践能力。强化体育课和课外锻炼，促进青少年身心健康、体魄强健"②。

――――――――――

①　2012 年国务院办公厅转发教育部等部门《关于进一步加强学校体育工作若干意见》的通知，其中第三部分第 5 条是关于体育课和课外体育活动的内容："实施好体育课程和课外体育活动。各地要规范办学行为，减轻学生课业负担，切实保证中小学生每天一小时校园体育活动，严禁挤占体育课和学生校园体育活动时间。要因地制宜制订并落实体育与健康课程的实施方案，在地方课程和校本课程中科学安排体育课时。建立健全学生体育竞赛体制，引导学校合理开展课余体育训练和竞赛活动。积极鼓励创建青少年体育俱乐部，组织开展丰富多彩的学生群众性体育活动。各级各类学校要制订和实施体育课程、大课间（课间操）和课外体育活动一体化的阳光体育运动方案。要创新体育活动内容、方式和载体，增强体育活动的趣味性和吸引力，着力培养学生的体育爱好、运动兴趣和技能特长，大力培养学生的意志品质、合作精神和交往能力，使学生掌握科学锻炼的基础知识、基本技能和有效方法，每个学生学会至少两项终身受益的体育锻炼项目，养成良好体育锻炼习惯和健康生活方式"。

②　中共中央关于全面深化改革若干重大问题的决定 [N]. 人民日报，2013-11-16.

在国家和教育机构强制性要求培养学生运动兴趣的同时，人们也开始关注培养体育兴趣的路径问题。比如，教育部体育卫生与艺术教育司司长王登峰多次在会议、学术访谈中提到要面向人人的体育教学、要让孩子上体育课有兴趣，让孩子一学就不能罢手。

总之，无论是体育教学实践还是国家体育教育事业战略层面都凸显了学校体育培养学生体育兴趣的使命。培养学生体育课兴趣的内生动力要上升为体育教学的重要目标，进而纳入国家的战略性框架。

二、对体育教学现实中过分重视"规律性"的反思

规律性教学指过于恪守恒定的教学程序和固定的套路以及既有的规定，而不关注具体情境的教学。规律性教学的特点是预成性、去情境化、确定性和线性化。教学过程和教学结果等均按事先预设好的严格程序展开，进而完成预设的、确定的目标。

体育教学中应该重视和遵循一定的规律，然而过分重视规律性和机械化的教学是当前体育课堂教学的一大弊病。这一弊病具体指的是在体育教学活动中，教师做出教学决定之前事先都假设了既定的规律和仪式。此时，就会致使教师在体育教学中将注意的焦点和精力主要指向规律，而不是学生自身情况；指向程式化的外部要求而不是指向生动的内部课堂情境。该教学的首要弊端在于对规律以外的真实有效的课堂情境的忽视，漠视学生的需求与兴趣，进而固化和扼杀教师的能动性和创造性。特别是在当今学校实行班级制的背景下，有大批学生被打造成标准化的、一切都按事先预订和规划好的统一的"教育产品"。过分重视规律性和机械化教学，教师和学生只能在课堂的教与学中按预定的技术路线，接受相应的、确定的教学规律、课程教授大纲和进度。

在体育课堂教学中我们随处可见体育老师把运动项目教学当作一个学科对待，把一般学科与体育技术学科相互混淆，注重一般性而忽视特殊性。体育课堂教学注重认识规律对体育知识和技能掌握效率的影响，较少顾及学习内容对学习者的精神和心理感受的作用。其实现实世界存在两种关系：一种是在一定条件下给出唯一确定的结果——铁律；另一种为橡皮律，模糊性地给出可能发生的结果，而不能唯一确定。

比如，在篮球教学中，经常表现为教师在教授投篮技术的时候一味地去追求铁律，然而体育术科教学规律则更多地遵从橡皮律。后者在表述这类关系时只能用模糊性、区间、概率等词语，只能给出可能发生的结果，而不能确定唯一的答案。究其要义，体育术科学习过程与学习结果之间是非线性的。比如，对投篮技术命中率的探讨，不管教师投篮技术如何精湛，授课方式和技巧如何科学，即使是职业篮球运动员投篮的命中率也只能是概率性较高的事件而不是确定命中事件。除此之外，在篮球教学课上经常会出现这样的一幕：体育老师耐心地讲解如何突破过人，并加以理论分析，甚至借助运动生物力学的研究方法分析过人技巧、侧肩多少度等，而学生在突破过人技术应用的实践中，效果究竟如何不得而知。事实上，我们在投篮的时候根本没有准确地测量各个关节的角度是否精确，只是借助肌肉本体感觉的记忆，依据具体情境做出相应的动作技术。因此，过分依赖体育规律来指导体育实践使得规律本身的权威性被弱化，同时高效的教学效益无法显现。

三、对三大球传统教学思维方式的批判性思考

在对三大球传统教学思维方式批判前，首先提出一个问题，即技能究竟是教出来的，还是学生在运动项目真实情境下自主学会的？要回答这个问题，我们先要讨论如何看待教学这件事，如何看待教学，决定了是否按教学本来面目认识教学行为与教学实践。我们传统的体育教学思维就是本质主义和机械还原论。本质主义把教学视为教学之外存在的一种教学本质，在教学活动发生之前就预设了教学的发展规律。在体育教学中，本质主义认为，体育教学的规律是唯一的、确定的，然而人们在一定条件下，对客观事物发展的过程及其规律性的认识总是有限的、不完全的。因为任何真理都是对无限发展着的物质世界的一个局部、片面、阶段的正确认识。人类实际达到的认识总是有限的，还有许多事物没有被认识和认识清楚。任何时代、任何人的认识都是特定的空间、时间的认识，不可能把一切事物都正确反映出来，只能正确反映部分内容，而事物的这部分内容又是不停地变化和运动的，认识也就随之发生变化。任何真理性的认识都只是对客观事物的近似描述，一定层次、一定程度上的正确反映。本质主义过分重视教学的本质及其规律而忽视具体的教学情境和人的自主性。尽管体育课堂秩序整齐划一，但是呆板、单调和效率低下必然导致体育课堂丧失其原有的趣味性。

本质主义的体育教学诞生了两个悖论：一是教学规律和人的主观能动性以及创造性的位次尴尬；二是"体育教学产品"为什么不能"批量生产"。

在本质主义的影响下，我们在三大球课堂教学中，把各个技术

教学情境简化，采用还原论的思想把篮球技术还原为移动、投篮、突破、防守等单个孤立的技术体系；把足球技术简化为踢球、停球、顶球、运球、假动作、抢球、掷界外球和守门员技术；将排球技术视为垫球、传球、接球、扣球、发球和移动。从构成要素看，似乎三大球的技术要素都被本质化且还原得很完美，于是在体育教学实践中出现了老师教动作、学生练动作、考试考动作的教学模式。其实三大球教学中不必过分追求要素的细化，过分细化很容易丢失三大球项目本身系统的活力。大一学生的足球课一学期都在练习颠球，学期结束也只是考颠球，甚至有的项目只练习和考试徒手项目，学生很容易出现考试成绩很高但不会打球的情况。为此，我们就要反思三大球项目教学中究竟应该给学生教授哪些内容，为什么教这些内容而不教那些内容？以上分析使我们有理由怀疑现有考试内容是否是三大球项目本身最重要的内容，以及探究在教学中究竟教授哪些内容才是有利于学生的。

四、问题的提出

（一）课堂情境兴趣优化在学生个体兴趣形成中的不可替代性

兴趣对学习的影响的研究源起于西方。西方学者普遍将兴趣分为情境兴趣和个体兴趣。个体兴趣具有个体差异性，当前在以大班制的教育环境下，教师为提升并迎合个体兴趣而采取的策略是费力费时的。而情境兴趣能激发并维持由情境刺激所触发的学习兴趣，并努力促使其转变为学生对某一主题或知识领域的一种稳定的个体兴趣。基于学生的个人兴趣都是从情境兴趣发展起来的事实，本文在普通高校三大球课堂中引入情境兴趣，研究如何在课堂上构建和优化情境兴趣，设置和创造优化的情境氛围，使其积极有效地向个体兴趣转变，从而激发大学生对三大球的学习兴趣，使其喜欢并认可三大球课堂活动和教学内容，进而提高其对三大球课堂教学的兴趣并促发乐学习惯的形成。

（二）情境兴趣优化的内容及其依据

三大球课堂教学是以三大球运动项目为载体而得以展开的。现有的三大球教学在向学生传授三大球技术和知识的同时，有可能使学生失去进一步学习的兴趣。学生在三大球课堂学习过程中的不同情绪体验外显于情境兴趣的高低，而情境兴趣在个体兴趣的形成乃至个体积极的运动参与方面具有重要的作用。那么究竟应该从哪些方面进行三大球课堂情境兴趣的优化，其理念和依据究竟是什么呢？

（三）情境兴趣优化理论在实践中的实效性检验

当前学校三大球课堂的情境兴趣存在哪些问题，而基于情境兴趣理论优化后的三大球课堂的实践效果如何，具体应该用哪些定量或定性的测量的手段来表征情境兴趣的高低，也是本研究的缘起之一。

第二节　研究目的和意义

一、研究目的

本书旨在探讨在学校体育大班制教育和课时短的情况下，如何在三大球课堂学习过程中，通过三大球运动项目内容来增加学生的乐学情绪体验。用教育学学习理论、运动项目发生学、人类学等多学科理论优化三大球课堂情境兴趣理念与实践。从学生自身的三大球情境体验需求出发，探究学生对三大球偏好的情境路径依赖。通过设置三大球教学内容和创造优化的三大球课堂情境氛围，使其积极有效地向学生个体兴趣转变。

二、研究意义

现实意义：为提高三大球课堂教学质量提供了可操作的路径，也为学生三大球运动兴趣的形成和发展奠定了基础，更为提高学生的身体素质提供了保障。在实践应用方面，挖掘三大球运动项目中那些导致情境兴趣刺激源变量的要素，进而在操作层面给三大球课堂情境兴趣创设的优化、培养学生的兴趣提供了具体的抓手，也为在三大球课堂教学中如何激发学生体育兴趣和提高教学质量提供了一定的参考。

理论意义：拓展并延伸情境兴趣理论和维度在三大球运动项目中的具体应用；探讨了三大球项目中哪些具体变量引发了学生的体育情境兴趣；丰富体育情境兴趣学说，推动体育术科教材关于学生运动兴趣培养的构建。在构建理论框架的基础上，运用质性研究和量化研究相结合的方法，对学生的三大球运动参与偏好行为的情境进行研究，是对现有体育情境和运动参与行为研究成果的补充和丰富，较好地动态阐释了学生的三大球运动参与行为发生、发展、变化的情境兴趣路径依赖。

政策意义：在学校教育方面，可为三大球的课堂教学、培养大学生的三大球运动兴趣、实施素质教育提供理论和实践支撑。

第三节 研究的着重点与技术路线

一、研究的重点

三大球情境兴趣优化理论的建立以及在课堂教学实践案例中的检验是本书的研究重点。

二、研究的难点

本书的研究属于跨学科研究，对相关学科理论知识的把握和梳理，以及建立三大球情境兴趣优化的理论会给研究带来一定的困难。另外，在研究学生对三大球偏好情境的路径依赖上需要大样本的文本访谈和收集，在资料处理过程中耗时较多。三大球有其自身的项目情境，准确把握三大球运动项目的情境特点具有一定的难度。

三、研究的创新之处

本书的研究尝试从情境兴趣优化设置的视角研究普通高校三大球课堂教学效益的提升依据和策略，是研究视角的创新；提出创设和构建三大球运动项目自在趣味性情境要素与学生对项目致趣点的融合、练习任务难度与学生能力相匹配的三大球课堂情境兴趣优化理论是学术观点的创新。在具体研究方法上，采用质性和量化相结合的方式，特别是质性研究中采用质性研究软件 NVivo 来处理、分析文本资料的编码具有一定的方法上的创新。

四、研究的技术路线

本书研究的技术路线见图 1-1。

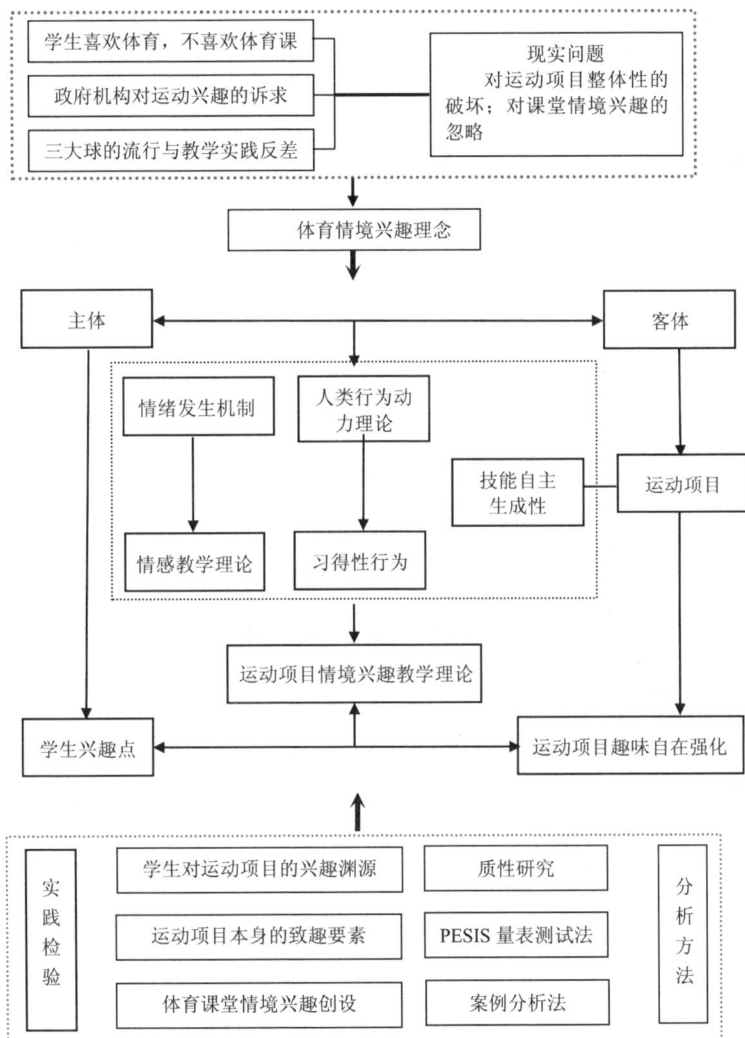

图 1-1 研究技术路线图

第四节　本章小结

中国共产党第十八届中央委员会第三次全体会议通过《中共中央关于全面深化改革若干重大问题的决定》，其中明确提出"强化体育课和课外锻炼，促进青少年身心健康、体魄强健"。教育部与体育总局协同努力在青少年体育课堂大力推广篮球、排球和足球运动项目。青少年体质健康关乎强国强教、承载着建设人力资源强国的中国梦。最近几年，国家连续出台强化学校体育工作的文件，文件中要求培育青少年的运动兴趣和习惯，即终身体育思想显然已成为学校体育的应然发展战略目标。在具体的发展路径上，要求强化专项课教学，关注那些大众喜闻乐见的运动项目的推广。

2019年，《国务院办公厅关于印发体育强国建设纲要的通知》中明确提出："全面推动足球、篮球、排球运动的普及和提高。积极探索中国特色'三大球'发展道路，构建政府主导、部门协同、社会力量积极参与的'三大球'训练、竞赛和后备人才培养体系。加强国际交流与合作，强化科技助力，提高'三大球'训练、竞赛的科学化水平。挖掘'三大球'项目文化，提高大众的认知度和参与度。"三大球振兴成为向体育强国顺利迈进的一个重要内容。三大球之所以在中国乃至世界范围内具有如此大的影响力，任海教授认为，这主要是由于球类运动项目在趣味性、集体性、教育价值、促进体育人口和营造健康的体育社会氛围方面所具备的特点所决定的。

培养青少年对三大球的兴趣和运动习惯，在增进青少年体质健康的同时也有助于培养其后备力量。在学校体育课的运动项目课程设置上，三大球历来是学校体育最主要且深受师生欢迎的运动项目。就整体而言，我国三大球的竞技成绩不尽如人意。2012 年伦敦奥运会"三大球"竞技成绩的全面滑坡凸显了后备人才培养匮乏和青少年参与人群的结构性矛盾。首先，在学校体育中历来强调培育学生的兴趣和内生动力，但"学生喜欢三大球运动而不喜欢三大球体育课"的失范现象却一直存在。其次，三大球特别是足球和篮球在学校体育中出现了明显的性别参与偏好和性别失衡。三大球运动项目的底蕴与竞技成绩出现的反差以及青少年对三大球运动和体育课出现的性别偏好极化等悖论，均凸显了国人对三大球"爱恨交织"的复杂矛盾心态。显然，通过振兴三大球来促进竞技成绩、扩大体育参与人口乃至社会体育参与氛围理应聚焦于青少年人群。郭剑认为中国女足竞技成绩下滑与青少年女性参与足球活动人口的基数不足直接相关。当前我国中、小学女孩参与足球运动的人数甚少，即便有多数女孩的参与，其动机也多为外在的政策和制度规约，而不是出于内生的兴趣和爱好。

因此，就体育论域而言，三大球振兴与促进青少年体育参与兼有重要的学术理论价值和现实中的实践意义，所以三大球、青少年体育、运动兴趣、强化专项体育课教学就成为体育学界研究的热点和关键词。在表征这些热点和关键词重要性的背后实则凸显了以上领域在实践中的发展不尽如人意，甚至成为体育事业良序发展的短板。培养青少年参与三大球运动的兴趣和习惯关乎三大球的振兴和青少年体质健康水平的提升。因此，如何把它们有机地统筹在一起，进而破除"卡脖子"现象，则显得尤为紧迫和重要，急需在理论和实践方面给予关照和回应。然而，无论是三大球振兴工作还是强化青少年体育工作均应聚焦于营造积极参与的氛围和高效习得的行为环境，在优质环境中培育青少年良好的运动兴趣和习惯。《国务院办公厅关于印发体育强国建设纲要的通知》明确提出了振兴三大球要"挖掘'三大球'项目文化，提高大众的认知度和参与度"。少年强，则国强，因此，培育青少年对三大球的运动兴趣，应了解当前青少年对三大球项目文化的认知程度以及参与偏好路径的实然状态，了解强化青少年体育参与和振兴三大球战略的功效和理应进路。具体而言，就要从青少年对三大球运动项目的关联、欣赏、接触或参与体验的动态关系中去识别和诠释那些促进或限制其参与的环境要素群。在本书的研究中，通过对青少年三大球参与偏好的情境挖掘，以期找出其背后的结构性要素和机理，归纳和发现其背后的深层社会文化隐喻，进而以青少年三大球参与行为的环境角度构建其高效习得的行为，阻断不良的体育素养和体育贫穷文化的代际传递。

第二章 情境兴趣的文献综述

兴趣的重要性很早就得到人们的重视，有关它的论述也是一个既久远又不断产生新意的话题。孔子提出"知之者不如好之者，好之者不如乐之者"；伟大的科学家爱因斯坦提出"兴趣是最好的老师"；中国古代教育家程颐曾经说过"教人未见其趣，必不乐学"；柏拉图认为教育的首要任务是教给年轻人从正确的事情中寻找乐趣；教育家赫尔巴特提出把发展兴趣视为教育的重要目标；大教育家杜威主张以兴趣为导向的学习。尽管兴趣历来受到人们的重视，但对兴趣的研究只是处于"有想法，没办法"的阶段。由于兴趣是一个多元的结构，存在个体差异且在西方受到行为主义的影响，所以兴趣的研究在一段时间内处于停滞不前的状态。

第一节 有关兴趣的论述

有关兴趣的研究涉及的领域主要有动机、情绪和心理，认知心理学的出现，让兴趣重新得到了重视和进一步的研究。

一、兴趣的界定及其分类问题

兴趣经常被人们所感知，然而对它下一个准确的定义却很难，因为它隐含了个体、环境、文化等不同的维度。有的研究甚至从遗传学和神经机制考察兴趣。有关兴趣的定义见表2-1。

表2-1 文献中关于兴趣的定义

兴趣的定义	关键词	来源
与知觉相关的心理现象，为知觉提供动力支持，存在于人们的观念中的一种集中指向的力量	知觉、集中指向	威廉·詹姆斯
兴趣就是乐趣	乐趣	哈贝马斯
兴趣是需要的延伸，表现出对象与需要之间的关系	需要	皮亚杰
兴趣是学习的原因，也是学习的结果，与认知有关的智力活动，是对内部知识构建的、动力性的和创造性的重新概念化	学习、认知和动力	奈杰德
积极探究某种事物或进行某种活动的个体倾向性	个体倾向	《辞海》
动机中最活跃、最现实的成分，带有情绪色彩的意向活动	动机、意向活动	潘菽
积极认识某种事物或关心某种活动的心理倾向	心理倾向	教育心理学

资料来源：《辞海》，以及葛耀君、德西等学者的研究。

从以上有关对兴趣的操作性定义中可以得出，学术界在对兴趣的理解上存在着多样化的态势。有的从个体的角度出发，强调个体的知觉和心理偏好，但是多数心理学家把兴趣作为一种个性特征或动机因素进行研究，注重兴趣的动机性作用，这是因为与学习素材建立情感、培养对其学习的兴趣乃是学习教育的重要目标。有关兴趣的理解应该是个体对特殊情境交互作用的一种体验，既要考虑个体背景知识的积累和偏好，又要考虑场景及其学习材料和内容的刺激特征。结合以上有关兴趣的论述，本书对兴趣的界定：兴趣是个体在与特殊环境相互作用中感受到与本能需要相一致的激励要素，进而引起积极关注的行为倾向。

二、有关兴趣分类的梳理

教育家赫尔巴特于 1841 年最早对兴趣进行了分类，他把兴趣分为自然的兴趣或知识的兴趣和历史的或"同情的兴趣"。前者包括经验的兴趣、思辨的兴趣、审美的兴趣，后者包括同情的兴趣、社会的兴趣和宗教的兴趣。此后，他又把兴趣分为直接兴趣和间接兴趣。1968 年，德国学者哈贝马斯把兴趣分为技术的兴趣、实践的兴趣和自由的兴趣；1980 年，肯奇在研究个体的兴趣水平和文本处理时，把兴趣分为情感兴趣和认知兴趣。随着研究的深入，科拉普、海蒂等学者将兴趣分为个体兴趣或个人兴趣和情境兴趣。格雷戈里和施蒂芬对兴趣进行了三级分类：一级分类是个体兴趣和情境兴趣；二级分类把个体兴趣分为潜在的兴趣和实际的兴趣，把情境兴趣分为基于内容的情境兴趣、基于任务的情境兴趣和基于知识的情境兴趣；三级分类则把潜在的个体兴趣分为情感的和价值的，基于内容的情境兴趣分为诱感性、生动性和连贯性，基于任务的情境兴趣分为任务编码和内容转变。

本书的研究结合上述观点得出基于兴趣不同的分类标准和维度，学者们将兴趣分为不同的种类，但大家都认为兴趣是一个多元结构。特别是结合兴趣分类的背景差异来看，更是如此。例如，肯奇是在考察学生的阅读兴趣时对兴趣进行的分类，哈贝马斯是从历史的横断面上从更广义的视角考察了兴趣的分类。有些分类至今对人们的影响较大，比如，赫尔巴特的直接兴趣和间接兴趣，哈贝马斯的解放的、自由的兴趣。从兴趣研究的操作层面以及学习心理学和教育学的应用角度而言，科拉普、海蒂等学者关于情境兴趣和个体兴趣的这种分类逐渐得到了兴趣研究专家西利维亚等越来越多的研究者的认同，由于情境兴趣便于人为控制，便于改变和应用于具体的教育和学习领域，从而开辟了一个兴趣研究的新领域——情境兴趣的研究。

三、深入兴趣研究过程中凸显情境兴趣的重要性

兴趣如此重要，那么兴趣究竟是如何发生、发展和变化的，情境兴趣在这一变化过程中究竟起到了什么作用呢？

（一）情境兴趣的产生及其发展变化理论

研究表明，兴趣不是一成不变的，它是发展变化的。兴趣是来源于好奇本能及其惊奇情绪的情感。西利维亚将直接情绪的产生归为主观感受到的情绪性的生活片段场景，理想的场景会根据个体的经历变化而不断修正以期达到较高的兴趣。新异性、复杂性和不确定性才是兴趣发展的影响因素。海蒂和伦宁格根据兴趣发展过程中认知和情感在不同时期的不同特征，将兴趣的发展划分为情境兴趣

的引发、情境兴趣的维持、个体兴趣的出现和良好的兴趣发展这四个阶段。该理论认为环境和内容特征均能够引发情境兴趣，情境兴趣不是孤立的，而是需要得到外部支持的；情境兴趣的维持是一种激发状态之后的兴趣心理状态，其中包括注意聚焦和及时的持续，情境兴趣的维持对未来兴趣发展的倾向至关重要。他们认为个体兴趣的出现是一种积极的兴趣心理状态，良好的个人兴趣发展阶段是积极的心理情感体验和稳定的强烈的心理偏好。

从以上分析可以得出兴趣是不稳定的，它是不断发展变化的结论。在兴趣出现的早期，环境场景、刺激物的材料特征都起着重要的作用，这些特征结合个体背景、知识和价值认同发生交互作用。如果刺激物的复杂程度在主体控制范围之内，会引发探究行为；如果超出主体的能力范围，主体就可能产生回避或放弃行为。情境兴趣的产生与环境和内容特征密不可分，情境兴趣是动态发展变化的，需要得到外部支持；情境兴趣的维持对个体兴趣乃至爱好的发生与发展至关重要。

（二）兴趣发展过程中凸显情境的重要性

产生兴趣的因素主要包括刺激因素特征和个体心理状态两个方面。其中刺激物的新异特性是兴趣发生最重要的影响因素，它决定了刺激物能否从环境背景中凸显出来，被主体注意。在兴趣发生和变化的过程中，学者都很重视场景，认为场景的新异性、复杂性和不确定性才是兴趣发展的影响因素。特别是由海蒂和伦宁格提出的比较成熟的兴趣发展四阶段模型，更突出了情境兴趣的重要作用。

反向分析海蒂的四阶段模型：假设某一个人有良好的稳定兴趣，

那他也是以早期有效的情境兴趣为支撑，即使处于个人兴趣阶段，他也需要情境兴趣为依托而产生心理偏好。总之，兴趣的发生是多因素协同作用的结果，应将主、客体因素共同考虑，提高兴趣研究成果的生态效度。特别是应重视情境兴趣可以人为设置，在进行具体教学时，情境兴趣应该被列入教学计划当中，教师要重视和大量应用情境变量，在一定条件下促使其向良好的个体兴趣转化。因为即使是在个人兴趣出现的阶段，仍要重视和调节情境兴趣与个体的匹配，以利于兴趣的顺利发展和转移。在良好的个人兴趣阶段，兴趣仍然离不开特定的情境，所以在兴趣的产生、发展、维持和变化过程中，自始至终都贯穿和渗透着情境兴趣。

第二节　非体育领域情境兴趣的概念
及其研究态势分析

从以上西方教育心理学领域的研究可知，人们深入、细化了对兴趣分类和维度等方面的研究，发现了兴趣的一个分支——情境兴趣。情境兴趣被认为是动机的一个重要变量，具有及时性、自发性以及易受外部条件控制的优点，受个体的知识结构与价值体系的影响相对较小，对它的研究逐渐成为一个重要的领域和方向。

既然情境兴趣如此重要，那么它的定义是什么，情境兴趣与个体兴趣是否存在重叠，情境兴趣与个体兴趣的关系究竟如何，受哪些因素影响以及二者能否转换，情境兴趣的维度是单一的还是多元的，这些都是我们需要探讨的问题。

一、情境兴趣的界定

情境兴趣指活动或学习的任务特征对学习个体的吸引力，而不是个体的偏好选择。它主要是指活动或学习任务的特征对个体产生一种即时性的、积极的心理状态。达斯特等也认为若学生能够识别学习任务的吸引力特征，那么情境兴趣就产生了。也就是说，他们建议从学习任务吸引力特征要素来理解情境兴趣。而海蒂则更是认为应该用情境兴趣这个概念来表述所有由环境引发的兴趣。而里夫认为，情境兴趣是一种交互式的关系反应构建，是个体对一种特殊场景的反应。本书结合海蒂把情境兴趣当作一种即时性的、积极的心理状态，具有自发性的特点，易受外部条件的影响而改变的论断，亚历山大、杰顿认为个体的知识结构与价值体系对其影响相对较小的观点，以及德西认为情境兴趣的产生主要依赖于个体对活动本身特征的感受的结论，认为情境兴趣的产生主要是刺激特征引发的。

从以上国外学者对情境兴趣的定义中可以发现，情境兴趣应该在重视环境刺激物内容特征的同时考虑个体的认知，特别是个体与特殊环境的体验的交互作用。

二、非体育领域中情境兴趣研究态势

情境兴趣理论主要出现于一般学习领域和具体学科领域，前者以教育和心理学的学习领域居多，研究态势分为国外和国内两部分。

（一）国外情境兴趣理论研究及其发现

在一般领域里，关于动机理论的研究最多。赫尔巴特也认同动机理论中的兴趣理论，其实他所说的间接兴趣和直接兴趣都与动机理论密不可分。金奇提出了个体的先前知识与情境兴趣关系的倒 U 理论：个体先前知识水平过高或过低，均不利于情境兴趣的提高，中等知识水平易导致高情境兴趣。希金斯、约瑟夫、秋原应用了希金斯的调节性匹配理论视角，对影响人们活动兴趣提高或降低的因素进行研究，结果发现人们更喜欢那些自由选择的、场景要素支持有趣活动方式的活动。德西的自我决定理论认为兴趣与个体的控制有关。

在有关背景知识和主题熟悉度对文本兴趣的影响的研究中，韦德发现由于文本没有为读者提供足够的背景知识，学生读起来既困难，趣味性又较差。而维诺格拉德、亚历山大等研究发现，主题知识与兴趣没有任何关系。

以上有关背景知识与文本兴趣的关系的研究结论不一致或许出自文本本身，即文本自身的完整与否，文本的完整度是背景知识与文本兴趣的调节变量之一。

研究者同时也观察到情境兴趣的影响力存在性别差异，男孩和女孩在感知情境兴趣的强度方面是存在差异的。在阅读方面，亚瑟和马克尔研究发现，男性比女性更容易受阅读情境兴趣的影响。安德森等学者研究发现，情境兴趣在促进句子回忆操作成绩方面，对男性的影响大于女性。豪斯勒和霍夫曼在 1988 年研究了物理学内容的情境兴趣维度，也发现男女在感知情境兴趣方面是存在差异的。

在情境兴趣的理论方面，研究者的视角主要集中在内在和外在两个方面，他们认为改变个体从事活动的方式，或调整自己的认知目标或行为目标，均会提高个体对所从事任务的情境兴趣。调整的重心仍是外在的，特别是在个体的早期学习阶段。研究同时发现情境兴趣对阅读、记忆成绩的影响也存在一定的性别差异。

（二）国内情境兴趣理论研究及其发现

国内学者对情境兴趣的系统研究起步较晚。例如，章凯在2000年的《兴趣与学习：一个正在复兴的研究领域》以及2004年的《兴趣的自组织目标——信息理论》中，只是对情境兴趣进行了介绍性的描述，提出了自组织理论在兴趣研究中的理论整合，无实证研究。李洪玉等人于2008年做了情境兴趣的研究进展论述，论述了情境兴趣的定义，述评了国外情境兴趣研究的文本特征，认为今后应该检验文本关联性在兴趣中的作用，进一步考察基于文本、任务和知识的三种情境兴趣之间的关系。姜晶晶编制了小学生英语课堂情境兴趣问卷，包括五个因素：探索意图、时间感知、愉悦感、吸引和挑战度，问卷结构与德西等人的情境兴趣多维度理论模型基本相符。李荣婧论述了兴趣发生的影响因素，既包括刺激物方面的特性（新异性和处理潜可能性），又包括主体方面的需要、注意、情绪体验以及个体与社会的交互作用等；检验了个体兴趣发展遵守的四阶段发展理论模型。徐良森研究发现，阅读情境兴趣是一个一阶五因素的模型，包括探索愿望、愉悦感、挑战性、需要注意和时间变更因素，与情境兴趣理论模型比较符合，基本上验证了德西的模型。

（三）国内外非体育领域对情境兴趣的研究述评

将兴趣的发生和发展归结为情境兴趣是既有研究的基本共识。除此之外，学界还对情境兴趣的维度、情境兴趣的成果应用以及研究的生态学效度进行了深入的考量。

在情境兴趣的维度研究方面，早期海蒂和贝尔德以及弗里克研究采用单一的维度"趣味性"来进行。此后，米切尔提出了激发性兴趣和维持性兴趣的情境兴趣二维理论模型。最后，海蒂和伦宁格提出了激发性情境兴趣、维持性情境兴趣、新形成的个体兴趣和发展良好的个体兴趣四阶段模型。该模型同时考虑了认知因素和情境兴趣对个体兴趣发展的支撑作用，在以后的情境兴趣研究中举足轻重。随着研究的深入，德西的多维结构模型指出，当个体与活动相互作用时，应该从活动特征、心理倾向和相互作用体验来定义情境兴趣的维度。而活动特征、心理倾向和相互作用体验每个方面都包含数个来源维度构成，正是来源维度构成了影响个体的情境兴趣。

从以上有关情境兴趣的维度研究上可以看出情境兴趣的维度不是单一的，而是随着研究不断深入的。德西的多维结构模型启示研究者要重视情境兴趣维度的来源，进一步细化维度源，控制情境兴趣，进而促使个体形成良好的、稳定的个体兴趣，具有更多的可操作性。同时应注意情境兴趣的维度在不同领域中的应用存在个性差异，即维度源的结构和权重存在差异。

在情境兴趣研究成果的应用方面，从情境兴趣研究的内容上分析，国外学者主要集中在学生阅读文本、数学、历史、音乐领域中。在学习领域主要用于测量 K12 阅读、数学的情境兴趣。也有学者考察了情境兴趣在学生课堂中的应用，早期的有亚历山大、杰顿等人，他们对大学生课堂情境兴趣进行了研究，发现情境兴趣的提高有利于学业成绩的提高。艾恩利等人发现情境兴趣可以增加学习某一特定主题的兴趣，有利于对阅读内容进行深度加工和保证阅读的持久性。米切尔在中学数学课堂情境中，以 350 名中学生为被试，证实了其模型的有效性，并发现学生对课堂教学的参与程度是激发和维持情境兴趣的一个重要变量。

尼尔斯、彼得等人对 70 名大学生在动物生理学课中的情境兴趣的调查、访谈、观察等研究发现，影响学生学习动物生理课情境兴趣的具体刺激因素有学生能否看见在场的动物、学生的惊讶程度、兴趣度、参与度和教师授课的幽默程度。希金斯、约瑟夫、秋原等人给大学生受试者提供了不同的游戏活动，将其分为控制组和对照组，告诉受试者是否有奖赏，进而在自由活动时间里观察学生是否会再次参与某一活动。

从情境兴趣研究应用方面的发展趋势看，其由早期在文本、阅读、语词和语句记忆、历史、数学和音乐等一般领域扩展到了具体的、狭小的领域，如动物生理课等具体学科。不同具体领域中的情境兴趣研究是将来研究情境兴趣的主趋势。

生态效度就是实验研究的外部效度，主要指研究结果的可推广性和普遍代表性。在研究方法上，对情境兴趣研究采用单纯的定性或定量研究都将会割裂环境因素与个体因素的交互作用，把握其一而用其极，进而忽视了二者的重叠区域，使得研究结果易受环境影响，缺乏生态效度。例如，在定性研究方面，尼尔斯等人对 70 名大学生在动物生理学课中的情境兴趣的调查研究，主要使用了观察法和开放式访谈。定量研究方面有孙海春等人对 5717 名小学生的体育课进行的情境兴趣五因素维度源的验证，主要采用聚类分析、回归和验证性因子分析以及结构方程模型。而具备较好的生态学效度的研究是定量和定性相结合，比如希金斯、约瑟夫、秋原等人在实验室对 87 名本科生进行的实验，他们还在学生自由活动期间观察了学生们自由活动的偏好。在研究素材收集方面，研究者广泛应用纸笔测验、自我报告结合开放式访谈、观察在实验室中的电脑软件操作、录像行为分析等方式。

从生态学角度和人的兴趣复杂性的角度出发，将来对情境兴趣的研究方法主要还是定性与定量相结合，素材使用更加关注情境的即时性和丰富性，以及其与特定实际场景情境的吻合度，进而提高情境兴趣研究的生态学效度。

从上述国内对情境兴趣的研究可以看出，当前主要是做西方研究成果和量表的本土化改造，验证国外学者关于情境兴趣研究的维度和结构，并对海蒂等人的兴趣发展四阶段理论在具体的教学课堂中做应用性研究。国内在情境兴趣发展理论以及具体的干预手段上没有太多创造性的成果，但可喜的是国内学者已意识到情境兴趣的重要性，目前一直密切跟进国外情境兴趣研究的进展和成果。

早期大多数研究者把作为个性特征的个人兴趣和作为学习和环境特征的材料趣味性割裂开来。有关情境兴趣的定义，必须从学习活动的任务特征对个体吸引力的相互作用和个体认知因素方面来考察。最后，情境兴趣必须要通过个体去实实在在地感受。

以前的研究把兴趣分为个体兴趣和情境兴趣是出于研究的需要，而不是把二者对立起来。兴趣是发展变化的，个体兴趣也是如此，在情境兴趣和个体兴趣之间有很多重叠区域，在这一重叠的灰色区域里，认知因素和个体的自身调节功能在起作用。情境兴趣在兴趣的整个发生和变化过程中举足轻重，它贯穿于整个学习活动中，影响学习的效果和个人兴趣的形成。

对于初学者而言，更要重视和设置强有力的情境兴趣，进而促使其向个体兴趣快速转变，在情境兴趣的维持阶段和个体兴趣的出现、形成阶段要根据个体情况适时调整情境兴趣。

在追寻不同领域情境兴趣刺激源共性的基础上，如新颖性、惊奇性和意外性，以及即时愉悦感，有关情境兴趣的研究更应该重视在不同的具体领域中的个性差异，特别是要挖掘具体领域中导致情境兴趣刺激源变化的要素，进而在操作层面给情境兴趣在各领域中的应用提供具体的抓手，也为我们在具体领域中激发兴趣提供了指导性的纲领。

第三节　体育领域情境兴趣的概念及其研究态势分析

从非体育领域情境兴趣的研究进展中可知，以往研究的弊端主要体现为重测量、轻干预和重情境兴趣的共性而轻个性。总之，将情境兴趣理论研究应用于教学实践是情境兴趣研究的最终目标。于此，我们首先讨论体育领域情境兴趣的概念界定和体育情境兴趣的研究态势。

一、体育情境兴趣及其三大球项目情境兴趣的界定

要准确把握体育情境兴趣，必须考察体育情境的上位概念，而体育情境兴趣的上位概念是情境兴趣。从以上国外学者对情境兴趣的定义理解中可以得出：情境兴趣应该在重视环境刺激物内容特征

的同时考虑个体的认知，特别是个体与特殊环境的体验的交互作用。关于情境兴趣的维度在体育领域中的应用的研究发现，决定情境兴趣的主要维度是即时愉悦感、探索性、新颖性和挑战性。也就是说，体育情境兴趣就是个体在特定体育活动中所感知到的运动项目本身特征和刺激感受之间的一种交互体验。具体而言，体育情境兴趣就是个体在特定体育活动中所感知到的即时愉悦感、探索性、新颖性和挑战性，而三大球情境兴趣通过提高即时愉悦感来提高情境兴趣。

二、国外体育情境兴趣相关研究文献综述

与情境兴趣的研究一致，体育情境兴趣的研究也兴起于国外。与体育课中的情境兴趣相关的研究较少，该领域主要的研究对象为中学的其他课堂。在体育领域，陈昂（1996）最早开始研究情境兴趣。他采用调查等手段对大学生的主观参与行为进行了研究，结果发现，学生会主动多次参与那些能够较好地实现个人意义和价值的体育活动，更具体而言，学生喜欢那些能够满足自己对健康、社会化、胜任感、文化欣赏的需求，以及具有自我表达特点的体育活动。

随后陈昂等研究人员构建了与体育相关的情境兴趣测量标准。这些学者在具体的体育领域活动中考察了情境兴趣的五维度因素，通过对中、小学的体育活动慢跑和体操进行情境兴趣测量发现，决定情境兴趣的主要维度是即时愉悦感、探索性、新颖性和挑战性，可通过提高即时愉悦感来提高情境兴趣。陈昂等随后根据这五维度编制了体育情境兴趣量表。

（一）男、女生在体育课情境兴趣方面存在差异

活动方式和任务设计影响着不同性别的学生的情境兴趣。在篮

球课的任务布置中，女生对双手胸前传球更感兴趣，而男生对接球投篮更感兴趣。

沈滨也在对男、女生对垒球课的喜好程度的研究中发现，与男生相比，女生在对体力要求较低的垒球活动中表现出更高的情境兴趣。

沈滨随后在对初中生方块舞活动进行的研究中发现，在该活动中，女同学表现出了更高的个人兴趣，男生则表现出了更高的体力运动程度。以上研究发现，体育课中的情境兴趣确实存在性别差异，该研究启示我们在体育课的活动选择和课程设置上均要考虑性别偏好。

（二）体育任务设计与体育情境兴趣的关系

该主题呈现的研究结果是，在体育课中那些具有较高认知、较多体能活动、较大需求的任务更易使学生产生较高的情境兴趣。

该系列研究发现，与慢跑和胸前传球相比，跳投和体操活动更能提高学生的情境兴趣。沈滨在 2006 年的研究中发现，与教学目标任务无关的诱惑性细节和信息无助于体育课堂情境兴趣的提升。该研究启示我们，一定要善于发现学生喜欢的特定活动方式或任务的天然内在元素，因为这些内在元素能更好地提高体育情境兴趣并真正激发学生的运动参与积极性。该系列研究肯定了体育任务对体育情境兴趣的直接影响。通过体育任务驱动，教材中的练习方法乃至学生参与体育练习本身就是体育情境兴趣的构建过程。该研究还肯定了特定体育活动方式或任务的天然内在要素的作用，正是这些要素才真正激发起学生的运动参与热情。但是，该系列研究中存在不同运动项目之间单一的和简化的动作情境兴趣对比的研究缺陷。应该跳出传统的动作练习情境设置理念，从目的和特殊宏情境考量同一项目不同情境的构建。

（三）学生课堂学习参与机会与体育情境兴趣

研究发现，若是学生缺少实践的机会，那么体育情境兴趣必然会减弱。沈滨的研究发现，学生的情境兴趣与学生在体育课堂中的参与度成正比。也就是说，学生在课堂上的注意力集中在那些最初吸引他们的项目上，他们想参与那些项目进而体会运动乐趣。课堂要给予他们这一机会，并创造特定的课堂环境给予他们支持，有意地激发学生的兴趣并引导他们参与其中。

（四）体育课堂中个体兴趣与体育情境兴趣

已有的大量相关研究显示了体育课堂中的个人兴趣和情境兴趣之间关系的复杂性。研究结果证明体育课堂中个人兴趣和情境兴趣相关的有陈昂和沈滨二人。陈昂认为中学生的个体兴趣能够调节整体情境兴趣、注意需求、即时愉悦感，以及对即时任务的探索。该研究显示，个体拥有对特定体育活动方式的内在需求，在该活动中显示出越高的情境兴趣，就越有可能发展为对该运动任务或活动方式的认知考量。与个体兴趣促进情境兴趣相反，沈滨认为情境兴趣对个体兴趣有强有力的作用和影响。不管情境兴趣和个体兴趣作用的方向如何，以上研究均表明二者至少存在相关关系。然而究竟是情境兴趣作用于个体兴趣，还是个体兴趣作用于情境兴趣，不得而知。

与二者相关的观点不同，有研究发现个体兴趣和情境兴趣没有直接的相关。也就是说，在二者之间还存在个体技能程度这一调节变量。研究表明，一个学生在特定体育项目中拥有的技能越高，该学生越具有较高的个体兴趣。有意思的是，该学生的体育情境兴趣高低则取决于该生在特定活动中的任务需求。

国外文献研究表明，学生兴趣主要由学生学习内容的多少和学习的效果来决定，而学生的体育课堂参与动机的激发主要受教学内容设计的影响。在体育课堂中研究体育情境兴趣的成果相对较少，有的时候缺少生态学效度；体育课堂中影响学生兴趣的因素很多，有些很容易识别，而有些很难识别。

在体育课堂教学中，情境兴趣的变量最容易识别，也最容易在课堂中加以应用，而个体兴趣由于存在认知调节和加工，是内在的个体感受，是隐性的，不容易从外部观察到。另外，个体兴趣也是随时间的变化而变化的。相反，情境兴趣在体育课堂中会和教学环境发生快速反应。不管学生对特定体育活动的感知如何，我们必须要抓住那些学生喜欢参与的运动方式的特征和共性，对这些信息的识别有助于激发、促进、维持学生长时间的体育参与。只有具有学生喜欢的体育活动的具体特征要素，才能使体育活动更吸引学生。为此，老师务必考虑学生的学习体会，尽可能多地提供学生感兴趣的体育活动。

总之，在认可体育教学内容对体育情境兴趣存在显著相关的前提下，在体育课堂中识别学生在教育学习环境中感兴趣的特定要素，有助于激发学生的学习兴趣，促使高效的体育参与和习得行为发生。借助于特定的任务和环境调节可以激发学生的情境兴趣。

三、国内体育情境兴趣相关研究综述

与国外研究相比，国内体育情境兴趣的研究起步较晚，这一领域研究的维度主要有国外情境兴趣的本土化改造、在不同体育项目中的具体应用，以及对体育情境兴趣教学的评价。

在体育情境兴趣研究方面具有代表性的学者有葛耀君等，他们以上海市高一学生体育课堂慢跑和体操为研究对象对体育情境兴趣量表进行了本土化改造，并进行了信、效度检验。研究结果表明，汉化体育情境兴趣量表具有良好的信度和效度，能较好地解释总体变量。相关分析表明，即时愉悦感是激发体育学习情境兴趣的主要因素，而体育学习内容本身过高的新颖性和挑战性将不利于情境兴趣的激发。

葛耀君等以慢跑和体操的教学演示录像为实验的激发材料，对陈昂等人的体育情境量表进行了汉化和本土化的检验，随后对学生观看篮球双手胸前传球和篮球战术学习的视频的体育情境兴趣差异做了研究。结果表明，学生对篮球战术的情境兴趣明显高于篮球双手胸前传球、接球。在项目难度方面，他们认为项目本身过高的挑战性不利于情境兴趣的提高；关于技能储备与情境兴趣之间的关系，他们认为技能掌握程度较高的高年级学生在篮球战术练习时所表现出的情境兴趣高于篮球传接球练习；性别和学习内容与情境兴趣的关系显得较为复杂，女生在观看传接球练习中表现出比男生更高的情境兴趣，在篮球战术学习方面不具有显著性差异，但男生的兴趣体验水平略高于女生。

与国外情境兴趣五维度构成和葛耀君的研究不同，姚玉龙认为，

"初中生跨越式跳高体育课堂情境兴趣问卷"由四个维度构成，分别为新奇性、挑战性、注意需求和探索意图。姚玉龙随后结合足球课对如何设计体育课堂学习任务使学生产生情境兴趣，进而激发学生体育学习动机这一问题进行了教学实验和实证研究。该研究主要以初中生为研究对象，采用本土化的体育课堂情境兴趣问卷考察了认知水平和身体要求对学生的情境兴趣产生的影响，以及性别、年级、固有兴趣、运动技术与情景兴趣的关系等。该研究还采用固有兴趣问卷对田径、篮球、排球、足球、武术、韵律体操与舞蹈、体操等进行了测量和赋分。足球运动技术测评包括两人之间 10 米左、右脚内侧传球、门前 20 米运球射门和 15 米徒手绕杆计时；技术分析采用观看 30 分钟的欧洲杯比赛录像并进行纸笔测验的方式，他要求学生在看完录像后写出运动员在比赛中所运用的各种足球技术、战术的次数，如头球射门次数、脚射门次数、双方角球次数等。该研究最大的问题是采用不同年级对同一任务进行对比的研究方式，缺乏依据。高认知但无身体要求的观看技术分析录像情境兴趣平均得分最高。

体育领域的相关文献一致认可不同的任务设计会产生不同的情境兴趣，体育课堂学习任务的设计具有激发情境兴趣的作用。相关研究结果显示，性别对足球项目情境兴趣影响不大。固有兴趣和情境兴趣存在显著性相关。学生的运动技术水平和情境兴趣呈正比，学生的固有兴趣和运动技术水平不存在显著性差异。这些研究的缺陷是在肯定认知方面的同时，否定了身体要求的主要因素。

钟宇研究了小学生田径运动的困境及其突围主体，在肯定了田径教学内容对小学生田径运动兴趣起决定性作用的同时，提出了国际田联少儿趣味田径的新教学内容。少儿趣味田径教学内容更能激发小学生的情境兴趣。在情境兴趣要素中，愉悦感因子对情境兴趣的贡献特征值最大。观看传统田径教学和国际田联少儿趣味田径视频后对学生进行的情境兴趣测试，以及后来的教学实验均验证了学生对后者的情境兴趣高于前者。

白炳贵认为，情境教学有助于调动效能、愉悦效能、启发效能（偏认知）、陶冶情操效能。然后从生活性、活动性、情感驱动性、人文性、心理场域整合等原理中寻找体育情境教学模式的原理。随后，他提出了以教学内容、原则和目标为手段的教学操作形式和以视觉、音乐、语言、角色表演为依据的情境教学策略。李进在查阅文献资料的基础上研究了体育情境教学实施的困惑因素及发展途径，研究认为，情境的选择缺乏真实性，淡化了运动技术，不了解学生特点，同时使用频率过高也造成了体育情境教学实施的困惑。为此他提出了创设情境教学的目的性、形象性、蕴含趣味性等。他还强调了体育教学中设置生动活泼的教学情境的重要性，提出应注重对趣味性的开发和应用，努力将教学内容与游戏活动相结合，进而提高学习效能，促进学生的身心健康发展。

在大家认可运动教学内容与体育情境兴趣高度相关的前提下，国内学者李杰凯对运动项目自身的娱人致趣要素进行了研究，该领域主要的研究理念是把运动致趣作为体育教学目标，同时挖掘同场对抗类、隔网对抗类、滑动类、操舞类、武术类等体育项目的核心娱人致趣要素。这一系列研究启示我们在体育教学中要充分挖掘运动项目的内在致趣要素，进而在激发学生的体育兴趣方面做出有益的尝试。

　　国内在体育情境兴趣量表领域的研究主要以国外体育情境兴趣量表为依据。体育情境兴趣量表主要依据德西所界定的情境兴趣测试的 3 个维度和 7 个因素结构，进而编制了体育情境兴趣量表，共包括 68 个题目。后来陈昂等又添加了四个题目以评价个体对活动项目总体兴趣的体验水平。修订后的体育情境兴趣量表包括新颖性、挑战性、注意力、探索性、愉悦感和总体兴趣 6 个因子、24 个题目。探索性和验证性因子分析显示，体育情境兴趣量表具有良好的信度和效度，适合作为体育情境兴趣的测量工具。首先，葛耀君对该表进行了汉化和信、效度的分析。后来，该表被收入张力为、毛志雄所编著的《运动心理学量表手册》。

　　已有体育情境相关文献验证了体育教学内容决定情境兴趣的结论。同时，对足球、跳高、篮球、田径、体操等不同的运动项目的教学内容做了一些情境兴趣对比研究。另外，在同一项目、不同的教学内容之间也做了情境兴趣对比研究。研究对象主要集中在中学和小学，结果表明性别也与不同教学内容情境兴趣的高低存在相关性。实验、量表的激发材料主要以视频录像为主。

四、体育情境兴趣研究小结

　　以上研究采用视频演示的方式对学生的情境兴趣进行测试，从认知体验的角度出发，考察研究对象之间的差异，包括年级差异、项目差异、性别差异等。这虽然是一种比较新颖的研究学生之间的情境兴趣差异的方式，能在一定程度上说明问题，但是在具体教学过程中，学生主要是通过行为体验的方式来进行技术动作学习的，这两者之间仍有一定的差别，需要在以后的研究中进一步探讨。很多研究均在多媒体教室进行情境兴趣的激发，研究受限于普通学科的视角与认知维度方面的一般规律，在具体的体育课堂教学中生搬硬套地实施情境兴趣研究，导致生态学效度较低。体育运动教学是以特定的运动项目为载体的，只有基于体育项目活动本身的特征，结合学习主体特点，创设有效的学习环境，才能真正找到学生情境兴趣的构成因素，促使高效的习得性行为发生。

第三章　核心术语的界定、研究对象和研究方法

第一节　核心术语的界定

　　情境兴趣在本书中泛指广义的情境兴趣，具体包括三大球运动项目自身具有的情境，运动规则、器材所营造的环境，教学内容情境。本书旨在探讨学生在三大球课堂教学设施、教学内容及其任务要求下的不同情绪体验——外显为学生情境兴趣的高低。研究围绕如何通过控制三大球课堂教学内容变量来改变学生三大球课堂情境兴趣，进而培养学生对三大球的兴趣、养成参与三大球的习惯这一问题展开。

第二节　研究对象

　　从宏观角度来看，本书主要对青少年学生三大球课堂的情境兴趣优化规律进行研究。从微观角度来看，有三大球起源时刻的固有

情境以及学生对三大球的偏好情境依赖；访谈对象主要是清华大学、陕西师范大学、西安电子科技大学、西南科技大学、西藏民族学院的一、二年级在三大球课堂学习的部分学生，以及陕西和河北的一些中学生。

第三节　研究方法

一、理论演绎与实践归纳法

本书采用理论演绎法，从哲学、教育学、心理学、人类学、运动项目发生学等有关理论出发，推演出一定的情境兴趣优化课堂教学的思想、观念和模式，以指导三大球课堂教学实践。同时采用实践归纳法，从三大球课堂教学实践出发，对大量教学活动中的主体（学生）感受进行分析、概括，提炼出三大球有效教学模式中的情境兴趣要素，形成结构框架和活动程序，以丰富三大球课堂情境兴趣优化理论，进而在课堂教学案例实践中加以检验。

二、文献资料法

从现有的期刊、专著、数据库中检索有关情感、兴趣、情境兴趣、体育情境兴趣和三大球教学的资料。

三、质性研究法

课堂兴趣的形成是一个复杂、微妙的过程，以质性研究为取向，通过关键事件访谈技术，让受访者自己阐明对某项运动的兴趣点并进行记录。由于收集到的有关的情境兴趣的资料非常繁杂，本书采用质性研究方法。质性研究是研究者在自然情境下采用多种资料收集方法对社会现象进行整体性探究，使用归纳的方法分析资料和形成理论，通过与研究对象互动，对其行为和意义构建获得解释性理解的一种活动。即研究者深入实际情境，通过一系列观察，采用记田野笔记、对话、拍摄照片、录音、拍摄视频等手段，阐释实践活动以描述具体的日常世界。具体表现形式有访谈、个案材料、内省记录、个人经验、器物、生活史、文化文本、观察文本、互动文本、历史文本和视觉文本等。质性研究常用于微观层面的自然情境，细致动态地描述和分析个别事物，从而对事物的本质得到比较全面的理解。在这个层面，质性研究对事物采用的是诠释的、自然主义的趋向，这意味着质性研究在自然的情境中进行，并试着以人们赋予现象的意义来理解他们。

本书采用扎根理论研究法——质性研究最常用的理论建构方法，即通过对深度访谈资料的分析，挖掘学生对某项体育活动感兴趣背后的情感因素，并通过编码找出关键概念的关系模式。这是一个经过比较思考、分析转化以形成概念构建理论的过程，目的是挖掘和发现隐藏在其后的重要的情感因素。扎根理论研究法强调理论的发展，而且该理论植根于所收集的现实资料，以及资料与分析的持续互动。目前，学界对项目兴趣点的研究相对不足，缺乏可直接借鉴的理论成果。这就要求研究者尽量舍弃文献演绎模式，利用归纳方法从现象中提炼出该领域的实质性理论，从而逐渐创建和完善相应的理论体系。因此，本书以扎根理论研究法为资料分析方法，通过对深度访谈资料、课堂兴趣信息的分析以及关联式编码，发现关键概念的关系模式。这是一个不断比较、思考、分析、转化资料，使其成为概念以建立理论的过程，该方法得出的最终结论是经过系统化的资料搜集与分析的，这一特性使得该方法的分析过程更具有科学性和严密性。扎根理论研究法的资料分析过程包括开放式编码、轴心式编码和选择式编码三个步骤，整个分析过程是提炼结论的关键，通过这三个步骤从资料中概括出概念和类别并识别其关系，而所得的理论就是由研究者得出的概念及其关系组成的。

（一）访谈内容和访谈关系

在访谈中，对高校大学生所要讲述的如何认识该项体育活动及该项目引起受访者兴趣的关键点或事件进行界定。质性研究的访谈关系对收集资料的可信性、访谈的顺利进行、能否深挖主题等有重要的影响。为了在访谈时减少访谈对象的防备心理，保证获取的资料的可信性，访谈对象以学生为主，并对他们说明采集文本资料仅为学术研究，声明保密原则。为了保证研究的可靠性，本研究的访谈均由笔者一人完成。对学生三大球偏好的文本资料采集，采用教师课堂现场发放与收集的方法。具体访谈大纲详见附录。

（二）访谈对象

以可对研究问题提供更多信息为选取原则，将访谈对象确定为清华大学、陕西师范大学、西安电子科技大学、西南科技大学、西藏民族学院等高校大一、大二的大学生。访谈时间为2012年3月—2013年10月。笔者先后对在高校三大球课堂学习的学生进行文本资料采集和深度访谈，涉及的运动项目有篮球、排球和足球，各个项目访谈人数分别为 432 人、269 人和 232 人，整理材料后，得到的有效访谈材料分别为 378 份、214 份和 201 份。

（三）访谈资料整理

对访谈的非文本资料进行逐字转录，转录文字八万余字，为保证转录的可靠性，访谈采用关键主题和关键事件的形式，以开放式和半结构化方式，对学生的回答做相关记录（文本、录音）。为了保证编码的准确性，由笔者亲自输入、校对，并在此基础上逐一编码。

（四）研究工具

主要从"实证的"（经验的）和解释的视角，利用计算机辅助进行定性分析。可利用的程序有文本管理器、编码程序、检索程序、编码理论建立组和概念网络组。这些程序具有多文本处理功能，能够帮助研究者找到和修改建立在句子和语词上的关键材料，建立概念模型，进行分类排序、关键词编码和文本部分的连接。本书采用质性分析软件来搜索和管理大量资料，资料分析的每一步都扎根于原始资料，逐级编码形成结论，并通过这种质性分析软件直接在原始资料和编码之间反复进行类别、关系的验证，保证资料分析过程的逻辑性和透明性。研究所用的经验材料为访谈内容，采用 NVivo 进行数据处理分析。NVivo 是目前流行的专业的计算机辅助定性分析软件，具有将定性数据尽可能量化的功能。它可以管理文档、视频、照片和音频等文件中的信息，并对数据进行快速深度的定性分析。本书主要利用 NVivo 版本中数据编码、数据分析和统计功能，通过对访谈数据进行主题编码和层次编码，反复分析访谈资料间的显性以及隐性关系，以检验假设。

（五）编码及其分析

本书根据编码的三个阶段将编码分为三种类型：开放式编码、轴心式编码和选择式编码。开放式编码是将学生对三大球偏好的文本资料记录逐步概念化和类别化，目的是指认现象、界定概念、发现类别。通过开放式编码分析，明确资料所代表的意义，提炼出精确、有价值的概念，并在这些概念的进一步发展中，将指代同一现象或事件的概念重新归类。从获得的访谈稿和其他资料出发，进行开放式编码，通过不断比较和提问，发现能激发学生对运动项目的兴趣的因素，在整个数据分析过程中，这是相当重要、甚为关键的步骤。在 NVivo 8.0 软件界面中可以看到导航栏中资源、节点、设置、疑问、模型等内容，编码主要通过节点进行。节点一般分为自由节点和树状节点。编码时，如果一段文字涵盖几个节点，则应在不同节点下分别标记；如果不能确定节点属于哪个树状节点，则暂时标记为自由节点。树状节点又分为母节点和子节点，也有研究将其译为主题节点和层次节点。

编码的第二个阶段是轴心式编码，是形成概念词阶段，即对第一阶段的若干主题和所有开放式编码进一步归纳概括，合并意义相同或相近的编码，理顺开放编码中的层次关系，使得概念词具有更强的解释力，可更为精确全面地解释现象。

编码的最后一个阶段是选择式编码，即核心类别的形成阶段。从上述第二个阶段编码中筛选更具概括性和解释性的主题，进行高度抽象，通过更小的范畴表示所要解释的概念。

四、案例分析法

本书以三大球运动项目的课堂教学情境和有效教学作为出发点，对基于情境兴趣优化的三大球课堂教学模式改革案例进行了总结。选取了篮球实验案例、足球课堂教学案例、排球实验案例，对教学内容完善、器材软式化等情境兴趣优化方法进行了深入的分析，考虑了不同个案发生的情境支持。特别是在分析三大球情境兴趣优化理论如何提升教学效果时，使用了个案研究法，选取了三大球情境兴趣优化进而提升教学效果的典型案例。对教学案例进行对比分析，旨在验证情境兴趣优化与有效教学的相关性。本书涉及的主要教学案例有西安电子科技大学篮球、排球、足球教学案例等。

五、实验法

三大球运动项目情境兴趣优化理论驱动实验，主要基于三大球课堂情境兴趣嵌入的优化教学范式进行课堂教学实验对比研究。具体由三大球课堂现场研究和分析性调查两部分构成。就实验的变量而言，自变量为那些具有三大球起源时刻所固有的情境兴趣的教学内容，因变量为总体情境兴趣。测试工具主要为体育情境兴趣量表。

六、量表测试法

本研究采用葛耀君等本土化改造的体育情境兴趣量表。该量表通过探索性和验证性因子分析，最终确定了体育情境兴趣的 6 因子结构，具体包括新颖性、挑战性、注意力、探索性、愉悦感和总体兴趣，共 24 个题目。该量表的内部一致性克伦巴赫 α 系数大于 0.87，具有良好的信、效度，适合作为三大球的课堂体育情境兴趣的测量工具。本书考察课堂教学内容所蕴含的三大球固有情境兴趣高低与学生的情境兴趣和教学质量变量之间的关系。三大球体育课以三大球运动项目为载体，但在课堂的准备活动，特别是一般性的准备活动中存在教学内容与三大球本身的情境相分离的情况。因此，本书在原有量表 24 个题目的基础上，新增了 3 个条目，并在量表后附上了 2 个主观题。主观题主要探讨的是，就整体而言学生觉得这节课最有意思的活动和最没意思的活动究竟是什么，以及它们与课堂的主体部分和准备活动的关系。具体量表详见附录。

第四章 三大球在中国的历史境遇与现实选择

第一节 国人对三大球的历史情怀、"社会达尔文主义"和互助论的精神隐喻

尽管国际足联官方承认蹴鞠是现代足球运动的鼻祖，但蹴鞠的活动形式和现代足球运动还是存在较大的差异，且蹴鞠早在中国的清代伊始就日渐衰落。早在 1914 年，我国外交家兼法学家伍廷芳在《美国视察记》中写道："中国人和他们的美国朋友在娱乐这件事上的最大不同，莫过于对于体育的态度了。中国人永远不会想上千人聚在一起只是为了看一场球赛，我们还没有摩登到愿意花上半天的时间看别人比赛……我很怀疑体育是否能够真正在我的族人中间流行起来，从东方人的角度上看，它太过暴力，不够庄重。"那么，具有明显西方文化特征的"三大球"体育运动项目是如何传入中国，且对中国有如此大的影响的？鸦片战争失败后，包括三大球在内的现代体育运动以被动的、侵略式的"输入"和主动地借助"鼓民

力"来实现"救亡图存"以及"强国强种"的救国方略形式而得以开展。与被动的侵略"植入"方式相比较，国人向西方直接"取经"或在"西学东渐"中寻求兴国之道显然具有"社会达尔文主义"和互助论进化的意蕴。严复在《原强》中写道："一群一国之成之立也，其间体用功能，实无异于生物之一体。"这表征达尔文的生物进化论开始与社会进化论进行联袂。随后具有"优胜劣汰"和"物竞天择"的"社会达尔文主义"观念与民族复兴进行了整合，得到创造性的应用。随后，在此基础上互助论的人类共同进化文化发展模式，逐渐渗透到我国各行各业中。就现代体育项目在中国的传播发展历程而言，体操最早，田径和游泳次之，而球类运动则显得较晚。另外，与洋务运动中推崇的"新式兵操"相比，早期教会学校和基督教青年会对我国的学校体育，乃至整个中国体育的影响则显得更为深刻和久远。这一点从三大球在中国的传播过程中的表现可以看出。据记载，1916 年前中国存在的教会、教堂，仅仅以英国和美国为首的就分别有 616 所和 5517 所。这些教会学校或基督教青年会虽然一般无专门的体育课程设置，但有广泛的足球、篮球和排球等球类竞赛活动。如在 1905 年，北京的汇文书院和通州的协和书院之间就有足球比赛的记载。篮球运动是以基督教青年会的一些骨干（篮球发明人詹姆士奈史密斯的学生麦克乐）为代表在中国高校中任教而得以传播。

在教育领域，从 1922 年开始，北洋政府决定效仿美国学制，学校体育活动以"废兵操"和大力推行竞技体育活动为主。在此背景下，五四运动后以三大球为主的球类运动在学校中已广泛流行。在中国新民主主义时期，无产阶级开始参与体育运动，体育运动被赋予了推翻帝国主义、封建主义和官僚主义的神圣使命。这在革命根据地和广袤的农村表现得尤为突出。在中央革命根据地的"红色体育"中大力开展了以足球、篮球和排球为主的竞赛活动及运动会。"文革"前，国家制定了诸多全面发展三大球的战略，特别是在一些边远地区，如"排球之乡"——台山，以及"足球之乡"——梅县等，都因地制宜地发展起了三大球活动。但从"文革"开始，三大球的竞技水平遭遇了断崖式的下滑。"文革"结束后，三大球的竞技成绩得以快速恢复，这方面女排表现得尤为明显。

相较于足球项目悠久的历史而言，篮球和排球则完全是现代人发明的产物。中华人民共和国成立之初就组建了排球国家队，而足球和篮球更是把这一时间节点提前到 20 世纪初。在竞技体育成绩方面，足球一度被誉为"中国铁军"，但随后陷入低谷。女排精神从一开始就超出了体育范畴，艰苦奋斗的精神成为社会各行各业学习的榜样，成为国家精神面貌的符号。1978 年，国家男、女排均荣获亚洲冠军的时候，全国都喊起了"团结起来，振兴中华"的口号。郎平在自传中认为，在那个年代，运动员为祖国打球没有人会在意会获得什么奖励，"五连冠的时候，打球完全不是为个人，那是国家大事，必须去拼。""逼着你只能上不能下，那时候打球已经完全不是我们自己个人的事情、个人的行为，而是国家大事，我自己都不属于自己。"

第二节　辉煌的蹴鞠，洗刷"东亚病夫"的屈辱

　　基于足球运动项目的发生和发展的时间节点考量，足球在我国古代又名"蹴鞠"或"蹋鞠"。《史记》是最早记录蹴鞠的书籍，"……临淄甚富而实，其民无不吹竽……蹋鞠者……"，所以从上可知，早在春秋时期，民间就流行有类似于现代足球的活动。在《史记》中，蹴鞠还是培育士兵打仗所需的体格和作战精神的一种训练方式。蹴鞠在汉朝时期十分兴盛，深受各阶层喜爱，汉武帝游览各地之时必有蹴鞠之事；三国时期的曹操因喜好蹴鞠，便让"好蹴鞠"的孔桂随侍在侧。同时，民间的蹴鞠活动也得以广泛开展，《会稽典录》中就提道："汉末三国鼎峙，年兴兵革，上以弓马为务，家以蹴鞠为学。"可见从西汉到三国，蹴鞠活动的发展比较繁荣。不仅如此，自汉伊始，蹴鞠作为练兵的手段也受到了空前重视，刘向的《别录》中说："蹋鞠，兵势也。"《汉书·艺文志》记有"蹴鞠"的文章就多达25篇，列入"兵技巧13家"之中。汉代蹴鞠甚至出现了正规的比赛场地和形制，然史载甚少，唯有东汉李尤的一篇《鞠城铭》可供参考。唐朝时期，蹴鞠已不再使用"以韦为之、中实以物"的实心球了，而是以"气毬"代之，其结构圆滑、富有弹性，相较于汉代以来的足球具有较大进步。此外唐代蹴鞠形式多样，"毬门"的出现更是证明了唐代蹴鞠有"球门"和两队"交挣竞逐"的竞赛景象。不仅如此，唐代蹴鞠在文人学士以及军队中也具有一定的地位，《剧谈录》中有"胜业坊北街军中少年蹴鞠"，以及杜甫

《清明》一诗中"十年蹴鞠将雏远"均能提供有效证明。宋元时期，蹴鞠活动亦很兴盛，上至王公贵族，下至平民百姓，开展十分普遍。上层统治者在举行宴会之时，常以蹴鞠助兴，胜者赏"银碗锦彩"，败者"球头吃鞭"。民间还有专门的蹴鞠组织"齐云社"，"齐云社"定有社规，制度较为完善。此外，元曲中也有不少描写市井闲人蹴鞠活动的景象，如关汉卿的《女校尉》中描写道："唯蹴鞠最风流，演习得踢打温柔。"至明代时期，民间女子和文人仕子善蹴鞠者也不在少数，如李渔的《美人千态诗》中写道："激鞠当场二月天，香风吹下两婵娟……几回踢罢娇无语，恨杀长安美少年。"汪云程还写了我国第一部足球专著《蹴鞠图谱》。从清代开始，由于统治者只善游牧传统体育，对汉族的体育活动知之甚少，致使蹴鞠活动逐渐衰落。

直到 20 世纪之初，现代足球运动由欧洲传入我国，上海等大城市才开始举办规模较小的足球比赛。最初的足球比赛多由外国租界或教会学校所组织和主办。如 1903 年上海地区的"史高塔杯足球赛"，这是一群由外国人组织的足球比赛；1904 年香港教会学校所举办的"足球常年赛"；1908 年，"南华足球会"在我国香港地区成立，是中国近代成立最早的足球运动组织，同年，华东地区的六所大学在上海举办了校际足球比赛。1910 年，中国的第一届全运会就设有足球比赛项目，此后的第二、第三届全运会足球项目，无论是在规模上还是在比赛形制上都渐趋成熟。此外，中国的足球还曾在国际上大放异彩，如在 1913—1927 年期间，中国男子足球队共八次参与远东运动会（可将其视为"亚运会"的前身），七次夺得足球项目锦标赛冠军。1923 年，以李惠堂为首的香港南华足球队前往澳大利亚墨尔本进行访问，墨尔本当地的报纸竟刊登中国球员的漫画，将中国球员画成瘦骨嶙峋、形容枯槁的模样，并以"东亚病夫"的标题冠之，这对中国球员极不尊重，是对中国人民的侮辱。第二天，中国代表队战胜了澳大利亚队，大长中国人民的志气，打击了洋人的威风。1925—1935年，上海共举办五届中葡足球锦标赛，"中华队"斩获四次锦标。在1936年的柏林奥运会和1948年的伦敦奥运会，中国还派出了足球代表队参加比赛。

中华人民共和国成立之后，计划经济的"举国体制"为我国足球运动的繁荣发展提供了有力的保障。1957年国家体育运动委员会（简称国家体委）召开了全国足球工作会议，并提出"积极、主动、快速、灵活"的指导思想。全国少年足球锦标赛也在这一年实施启动。由于多方面有力措施的保障，我国足球运动的发展在短短几年之内取得了巨大进步。1958年，北京和八一足球队分别战平了当时赫赫有名的获得过奥运冠军的苏联足球队。1959年，中国举办的第一届全运会已经把足球列入正式比赛项目。同年，国家足球队战胜了匈牙利足球队，并获得了中国、苏联、匈牙利三国对抗赛亚军；1960年，国家队又在中国、朝鲜、越南、蒙古四国足球赛中一举夺得冠军。自1961年起，国民经济困难，包括足球在内的所有体育运动的发展均出现了停滞不前的态势，且这一状况一直持续到了1964年。当时，国家体委、全国总工会等部门联合召开了全国足球训练工作会议，出台了《关于大力开展足球运动，迅速提高技术水平的决定》。当时，足球界针对我国足球"作风软、体力不足、射门差"的发展现状，提出了著名的"三从一大"的训练原则和"三不怕、五过硬"的作风，以及"勇、快、巧、准"的技术风格，为足球运动的恢复和发展提供了明确导向。1965年，国家足球队获得重建，并于次年赢得亚洲新兴力量运动会足球比赛亚军。

1979年，国务院批准颁布《关于提高我国足球技术水平若干措施的请示》，该文件明确提出了要大力普及青少年足球运动，组建国家、青年队等九大措施，并于同年恢复了我国在国际足联的合法席位。在1984年的第八届亚洲杯足球赛上，中国队夺得亚军，这是自中华人民共和国成立后中国足球队参加国际比赛的最好成绩。此外，中国女子足球队在1986年和1989年蝉联两届女足亚洲女足锦标赛冠军；在1996年的亚特兰大奥运会上一举夺得亚军，优异的成绩振奋人心。在世界著名教练米卢蒂诺维奇的带领下，中国男子足球队于2002年首次进入世界杯决赛阶段，向世界杯迈出了第一步。此后，中国足球便陷入低谷，在国际重大赛事中失去了往日的辉煌。但中国足球并没有因此而被放弃，在国人心中仍占有重要地位，国家多次出台政策文件，以促进和激励中国足球的发展，上至国家领导，下至普通公民都十分关注足球的改革与发展。曾任国家体育总局局长的刘鹏在中国足协会员大会上以"两弹一星"为例来激励足球人，并反问如果三大球搞不好，体育工作者将何以安身立命，又有何颜面见江东父老。教育部把足球、武术、田径、游泳、篮球、排球、体操列为七大重点项目，特别强调了足球是体育教育改革的"龙头"。《中国足球改革发展总体方案》也提出了要把发展足球运动纳入经济社会发展规划行列，实行"三步走"战略。在青少年足球发展方面，邓小平同志早就说过"足球要从娃娃抓起。"国家也是多次倡导并出台政策以促进青少年足球运动的发展。2015年教育部等6部门颁布的《关于加快发展青少年校园足球的实施意见》中指出：要加大对农村学校的帮扶力度，着力扩大校园足球覆盖面，鼓励和支持各年龄段学生广泛参与，让更多青少年能够体验足球生活、热爱足球运动、享受足球的快乐。2016 年，为进一步深化校园足球改革，教育部办公厅颁布《全国青少年校园足球教学指南（试行）》和《学生足球运动技能等级评定标准（试行）》。2018 年颁布的《全国青少年校园足球改革试验区基本要求（试行）》指出，加大政策保障和经费支持力度，逐年增加本地区青少年校园足球专项基金；《全国青少年校园足球试点县（区）基本要求（试行）》指出，区域内的全国青少年校园足球特色学校数应占本地区中小学总数的 60% 以上。国家领导人讲话和系列政策的出台都凸显了足球在我国的社会地位，足球运动的改革与发展受到了空前重视。

第三节　排球运动与女排精神的国家符号

　　排球是最早于 1895 年由基督教青年会的威廉·摩根结合篮球、棒球和网球的打法发明的一种新的球类运动，取名"小网子"（mintonnete），后来为了进一步体现这项运动的特点，人们将其正式更名为"volleyball"。1905 年，排球传入我国的广州和香港地区。1914 年，男子被第二届全运会列为正式比赛项目。1913—1927 年，中国男子排球队共参加了八届远东运动会，其中四次夺得冠军，这也是中华人民共和国成立前排球运动参与国际比赛所取得的最好成绩。

　　中国女排成立于 1951 年，经过 30 年的厉兵秣马、负重前行，终在 1981 年登上世界之巅，夺取了第一座世界冠军奖杯，举国欢腾。《人民日报》头版且整版刊登了中国女排夺冠时的场景："向女排姑娘学习，在现代化建设中发扬女排精神，振兴中华。"女排精神极大提升了中国人民的士气。在那个年代，人民生活水平同发达国家相差甚远，各方面都存在巨大的差距，甚至有人对国家命运和个人前途产生了悲观的看法：中国真的能够成为一个富裕强大的现代化国家吗？中国女排的夺冠之路，为国家赢得了国际社会的尊重，也大大坚定了国人建设国家的信念。女排精神为体育工作者树立了信念。伴随着"团结起来，振兴中国"的口号，女排精神得以传承，各行各业从中汲取力量。

中国女排九次获得世界冠军，其中三次为奥运冠军。里约奥运夺冠后，这一年更是被习近平总书记称为"非凡"和"难忘"的一年。为深入贯彻国家所倡导的提高青少年体质健康以及搞好三大球的战略决策，排球近些年来也被列为中小学七大基础运动项目，并列入了中考体育选修项目。在民间，气排球和软式排球运动也得到广泛开展，为初学者积极参与排球运动降低了门槛，提供了方便。

第四节　城乡二元对立下篮球运动的突围、普及与发展

篮球运动于 1895 年由美国基督教青年会传教士鲍勃盖利传入中国。早在 1896—1898 年间，篮球运动经天津、北京等地的基督教青年会的介绍而传到中国各地，到了 20 世纪初已在全国范围内得到广泛发展。在 1910 年的第一届"全运会"上，男子篮球运动被推举为

表演项目，之后的第二届和第三届全运会分别将男子篮球与女子篮球列为正式比赛项目。此后，篮球运动逐渐在中国的大地上活跃起来，并于 1921 年一举夺得远东运动会男了篮球赛冠军。不仅如此，中国男子篮球队还参加了第 11 届柏林奥运会以及第 14 届伦敦奥运会。男子篮球在柏林奥运会中第一次被列为正式比赛项目，中国男子篮球队参加了该次比赛，与世界各国同步，具有重大的历史意义。早在共产党领导的革命根据地，就有了非常著名的"赤色体育会"，篮球是当时中央革命根据地文化体育活动中极其活跃的项目之一，毛泽东、周恩来、任弼时等领导人都会打篮球，周总理还担任过篮球裁判员。

1936 年，三大红军主力在陕北会师之后，红十五军团与关征麟部所在的东北军进行了一场篮球比赛，结果是"以逸待劳"的东北军输给了红十五军这支刚刚经历过长征的疲惫之师。东北军的指挥官不禁感叹道："你们共产党真有办法啊！"贺龙领导的"战斗篮球队"自红军时期一直延续到了抗日战争时期，其所带领的 120 师于 1938 年、1940 年和 1942 年在晋西北举办全师运动会。在开幕式上，贺龙师长还与晋绥军的一个骑兵军长一起上场投篮，以示团结。由此可见，篮球在抗战时期的受欢迎程度。

随着时代更迭，在和平年代，篮球运动迎来了新的发展机遇。苏联篮球运动开展得如火如荼，多次在国际大赛上大放异彩。于是，我国便有计划地开始学习其先进经验。1950 年，苏联青年男子篮球代表团来访，先后在北京、上海、广州、武汉等八个城市共举行了 33 场比赛，令人惊讶的是中国各支球队一场没胜，全部以大比分落败。苏联男篮代表团一走，中国立即采取了一系列措施以推动军队和地方篮球水平的提高。1951年，共青团中央、教育部、中国人民解放军总政治部联合颁布《关于动员参加1951年全国篮排球比赛大会的通知》，要求快速建立起经常性的篮球、排球基层组织，声势浩大。党和国家领导人十分关注篮球运动的发展，下定了决心，要把中国篮球搞上去，贺龙元帅的传世名言"三大球搞不上去，我死不瞑目"，便出自这一时期。终于，在"举国体制"下，中国篮球有了历史性的突破。在1953—1957年间，中国篮球队共参加了283场国际比赛，其中胜163场，平7场，败113场，战绩不俗。1957年，中国女子篮球队参加国际青年友谊运动会，荣获第四名的好成绩。1963年，中国男女篮球队参加第一届新兴力量运动会，未尝一败，双双夺冠。1966年后，包括篮球在内的竞技体育运动发展陷入停滞，直到1978年改革开放后，中国篮球才得以谱写其新的篇章。篮球运动在20世纪80年代的广大农村也得以逐步开展和推广，据统计，1983年，河南沈丘县新建立的篮球场就多达173个，1984年该县举办首届农民运动会，参与篮球、拔河、武术等比赛的就有2000多人。进入20世纪90年代，在全民健身浪潮推动下，篮球运动在我国城乡得到空前发展。浙江诸暨市的700多个自然村，村村都有篮球场，全市球场850多个；杭州市的彭埠镇甚至还有两个灯光球场；此番种种，不胜枚举。另外，许多地方还总结出了推广篮球运动的经验：多一个篮球场，就会少一个赌场。由此可以看出，篮球在推动农民强身健体以及加强农村精神文明建设方面发挥了重要作用。改革开放以来，不仅农村篮球运动开展广泛，国家男、女篮球队的竞技水平也得到显著提高，20世纪90年代，中国男篮共夺得六次亚运会冠军、九次亚锦赛冠军，并于26届、28届和29届奥运会中跻身世界八强，极度振奋人心。与此同时，中国女篮也不甘示弱，1984 年，于美国洛杉矶第一次参加奥运会便一举夺得铜牌；1992 年参加第 25 届奥运会斩获亚军。进入 21 世纪，女篮更是强势拿下四次亚运会冠军。由此不难看出，中国篮球在亚洲的实力。近年来，政府多次出台政策，大力发展青少年篮球运动，加强校园篮球运动的开展。2016 年教育部办公厅《关于校园篮球推进试点工作的通知》指出，要大力提升青少年校园篮球体育教学。2017 年教育部办公厅《关于继续做好 2018 年全国青少年校园篮球特色学校遴选等有关工作的通知》指出，不断加大特色学校的遴选工作力度，全面加强校园篮球的竞赛体系建设和加大校园篮球师资培训力度。2018 年教育部办公厅《关于遴选 2018 年全国青少年校园篮球特色学校的通知》指出，进一步扩大校园篮球特色学校的范围，引导各地不断完善特色学校布局，切实满足学生学习篮球的需求。这些均表明，国家希望通过一系列政策的支持，切实提高篮球运动的社会地位和国民参与度，为中国篮球的改革提供强有力的保障。

第五章 三大球课堂情境兴趣优化的
理论架构

第一节 课堂情境兴趣多学科理论与实践依据

一、情感、非理性、非智力因素等多学科对情境兴趣的阐释支持

从现有的有关情感、兴趣的期刊、专著、数据库中来看，涉及兴趣和情境兴趣的研究领域较多，呈分散态势。本书研究的主题是情境兴趣，研究主题的领域和概念涉及动机、情感和非理性因素等心理现象，并与人的实践行为等交织在一起。从学科角度讲，它主要涉及哲学、教育学、心理学、生理学和体育学等学科。本研究从更宽广的视域对情境兴趣涉及的有关概念和学科进行阐释和说明。

（一）哲学领域中对人的情感解读以及理性与非理性的关系阐释

尽管两千多年前希腊人就提出过"认识你自己"的课题，但在整个人类的认识中，人对自己的认识是最落后的，对人的综合认识迟迟未能形成严整的科学。

其实，有关人是理性还是非理性的这一论题在历史和哲学上一直存在分歧，其分歧的实质仍然是关于人的认识问题。纵观整个人类历史实践，由早先的本能感性、不安全感、图腾崇拜，以及后来对事物变化因果关系的追求，这一直贯穿一条主线即感性到理性的演化。后来人们开始过分地追求理性，以至于艾瑞克·弗洛姆发出了"19 世纪的问题是上帝死了，20 世纪的问题是人死了"的感叹。启蒙运动以来形成的理性精神一直占据主导地位，人的情感、价值等非理性因素被弃置在视域之外，然而理性方法并不是唯一认识事物的方法。海德格尔认为"人是用他的整个身心、整个存在而不是单用反思来理解他自己的。人们对世界的认知，首先是由情绪和情感揭开的，而不是靠概念。"

对人比较中肯和科学的认识是应把人看作完整的人。人是理性和非理性的统一体，理性与非理性是人精神世界活动的两翼。就人类活动目的而言，事实上必须兼顾非理性进而寻求自由和个性解放，毕竟人活动与实践的目的是使世界满足人和人的精神活动。从人实践活动的动机的微观层面而言，人的思想和行为以非理性始，以理性终，否则人们所想的应然世界永远也不会出现。因此，从哲学角度上把非理性作为人的一个很重要的要素，它与理性同等重要。人的情感和非理性作为人的思想和行为的发端，对既定的目标活动起着激励作用。

（二）教育领域中有关情感和非智力因素的阐释

在教育领域也存在对理性和非理性的认识分歧。理性主义在教育领域中的发生发展主要是受近代工业文明和科学哲学的影响和制约。其主要是在理性的驱使下调控教学质量和教学行为目标，把教育视为工业中的标准化生产，追求实效性。自从康德、黑格尔、皮亚杰等强调理性以来，叔本华、尼采就提出了理性主义教学的批判，并提出了有限理性主义教学观。在教育领域的反理性者认为，一方面，世界的本源是非抽象化的；另一方面，人的本质也是非理性化的。

关于认识教育的本质过程，学界更是提出了教育本质的体验化过程。罗杰斯的人本主义认为，教育的目的就在于人的自我实现、完美人性的形成。学习是认知因素和好奇心、兴趣、自信、着迷等情感因素的结合，教育者必须促成它们的结合。对具体的课程观而言，也必须具体体现为实施情意教育；教师也需要更多关注学生所学内容的情绪、情感的反应。他们反对用传统的认识论来研究教学过程，倡导教学中的体验和感悟，倡导体验、重视情感的重要性，反对机器人式的教育观。因为在教育场域中理性的过分扩张，会导致教育活动者主体——人的情感淡漠直至异化。现实教育追求理性向度，以传授理性知识、技能作为主要目的，甚至是唯一目的，而对人的非理性，即人的情感、价值、信仰很少注意。现在，学校教育倾向于理智和意志两端，而情感体验往往不曾顾及，不能满足其需要，教学便变得索然无味。

人本来就是一个理性和非理性的统一体。解决理性与非理性分歧的科学之道是马克思的论断"完整的教育应该是理性教育与非理性教育的统一体。"在教育活动中也一样，教育主体双方都会进行理性的认识和非理性情感的交流。然而，现实中的教育存在严重的重认知轻情感倾向。智随情兴，情因智善。科学研究与教育实践告诉人们若没有感情与智慧的互动，理论思维会极其有限。在有关教师的专业发展评价中，技术理性至上的状况正在改变，教师感情特征最能体现教师能力的强弱。

传统的智力观点对于人类的兴趣已变得过于狭隘了，智力教育应该渗透非智力因素。非智力因素中的兴趣可以提高活动的效率，直接影响智力因素。对教育的内容进行分析，教育内容既包括以严密逻辑体系建构起来的知识系统，也有人类在创造知识和文化过程中的情感体验、价值取向、动机取舍等。而后者是更深层次的积淀于教育内容之中的，且以特有的方式影响着学习者。

总之，教育的主体——人的构成特点、教育的本质，以及非智力因素对智力因素的作用都凸显了非智力因素在教育领域中的重要作用。即受教育者的情感和兴趣积极参与建构认识活动；教育的本质就是一种体验化的过程；教育内容的传承过程中均嵌入了情感体验等非智力要素。

（三）心理领域中有关情感和非智力因素的论述

正如汤姆金斯所言，"情绪是我们生活的原动力。"教育心理学也开始朝向对学生非智力因素的重视，强调情绪体验在学习中的重要性，特别是最近学者们提出的学业情绪。我们在向学生传授知识的同时，有可能使学生失去了进一步学习的兴趣。不同的情绪体验是其中的原因：学业情绪会影响学生的动机和学习兴趣。学业情绪指的是在教学或学习过程中与学生学业有关的各种情绪体验，积极情绪体验与乐学相伴而生，消极情绪体验与厌学共生共灭。学生的学习活动是在特定的学习情境中来完成的。学习是一个过程，一方面，受到人格、任务特征的影响；另一方面，又受到学习发生的情境、个体对学习过程的评价和学习结果的影响。

现代心理学研究表明，人的认识和情感是相互联系、相互促进的。情感在认识的基础上产生，没有对某事物的一定认识不可能产生情感。另外，情感对认识的发生和发展也起着重要的推动作用和促进作用。我国近年开展的情境教育、愉快教育趋势均显示心理视角对情感的重视。

在教育心理学中也一直强调学习动机的作用。甚至把教师的主要作用定位为唤起学生的学习动机。教师应借助于教材，创造性地唤起学生的学习兴趣，使学生感到学习是快乐的。学生若缺乏学习动机，那是教师应当担负的责任。

在心理领域，对情感和非智力因素的论述主要关键词涉及情绪和动机。情绪体验关乎学习过程中的乐情度和持久性，也涉及个体心理生活中的动力支撑；教育心理学探讨了学习动机的重要作用，培养学生的学习动机是教育和教师的首要目标和任务。

（四）体育领域中有关情感和非智力因素的论述

体育活动本身伴随着强烈的情感体验。现代奥运会创始人顾拜旦就对体育运动过程中伴随的强烈情感体验做出了精辟的论述。他早就提出，只有将"运动本能"与"运动乐趣"有机结合，体育运动才能保持其独有的特征。

顾拜旦在《体育颂》中也呐喊："啊，体育，你就是乐趣！想起你，内心充满欢喜，血液循环加剧，思路更加开阔，条理愈加清晰。你可使忧伤的人散心解闷，你可使欢乐的人生活更加甜蜜。"他多次论述了体育本能的激情与体育特征之间的关系。特别是在1913年召开的洛桑奥林匹克代表大会上，他先后两次谈及体育本能的激情特征。他指出，"身体锻炼若丧失了激情，也就丧失了体育运动的特征。尝试着让每一个尚未从肌体力量中获得愉悦的人来感悟到这一点。确实，并非每个人都能从运动中感受到乐趣，因为人类有许多天性欠缺或缺乏正确而及时的引导。'身体'，需要感受到一定的乐趣。所谓乐趣，此处指的不是舒适，而是深层的感官愉悦。体育运动能给予的，正是感官愉悦。这就是为何当一个年轻人要在使其走向堕落的享乐，以及使其趋向完善的愉悦之间进行选择时，他会倾向于后者而摒弃前者，肌肉陶醉所带来的感官上的愉悦，不仅仅是通过疲惫感，更是通过满足感。它不局限于去平衡感官的感受，而更多的是使它们获得满足。"

哲学家笛卡尔主张，对体育活动的载体——身体，与精神分开并在一定程度上贬低身体是错误的，但是另一方面，他睿智地认识到身体代表着感性、偶然性和不确定性。身体既然是感性的，那么作为身体的主体的人在体育运动中就有追求运动兴趣的本能需求和权利。在竞技体育运动中，王海滨于2009年对中国和法国的国家教练员执教理念研究发现，法国教练员认为竞技形成阶段最重要的任务是培养运动员对其运动项目的兴趣，并将其列为首位。对于基础阶段训练的运动员来说，培养运动兴趣是第一位的，若没有兴趣，日后漫长的训练会崩溃乃至出现运动厌倦。

美国《年轻运动员权利法案》更是明确规定运动员在运动中有享受快乐的权利。运动心理学家的研究也表明：运动员最重要的两大需求是快乐（包括刺激和娱乐的需求）和价值体现（胜任感和成功感的需求）。研究发现，运动员放弃运动参与的原因：对现有的运动项目失去了兴趣，玩得不过瘾，只是简单的身体劳作且没有快乐。该研究的结论是一旦剥夺了运动员参与运动的快乐，就会使他们远离运动或消极被动参与，最终难免会导致运动员职业倦怠和最终退出。

从上述论断可见，体育领域自身的特点内嵌了情感和非智力因素。首先，作为体育运动的载体——身体本身是感性的。其次，体育活动本身就是伴随着强烈的情感体验过程，理想的体育运动与运动激情体验具有不可分离性。最后，把运动过程中的积极情绪体验作为运动员的一种权利和竞技训练的首要目标。对竞技运动训练过程中的快乐体验剥夺将会导致运动员倦怠甚至退出运动参与。

二、凸显情境是有效教学发展的必然趋势

通过前面的分析可知，无论是有效学习还是有效教学均凸显了情境的重要性。

（一）在学的理论方面

我国古代就提出"非不能也，是不为也"的主张。客观审视各个学派的学习理论，我们会发现众多学习理论都无一例外地体现出对情境的重视和青睐。虽然在联结理论中，它忽视对学习内部过程和内部条件的研究，但是从情境的角度上看，它重视环境和经验的作用。桑代克认为，情境是引起反应的原因，而反应是情境引起的结果。正是情境才导致有规律的刺激与反应。学习认知理论强调学

习不是形成刺激与反应之间的联结，而是通过对情境的领悟或认知，以形成认知结构而实现的。学习的人本主义理论主张以学习者为中心、重视学生的情感、意愿，并认为许多有意义的知识经验不是从现成的知识中学到，而是在做的过程中获得。学习的建构理论：更是直接强调学习是一个主动积极的过程，学生会发现并建构各自的知识观。学习者利用已有经验把从环境中接收到的感觉信息进行相互整合，主动建构信息意义的生成过程。

（二）在教的理论方面

人们逐渐开始关注影响习得性行为的另一重要因素——教。教育家杜威很早就重视学生经验的认识，强调创设与学生社会生活经验相联系的情境，引导学生在该情境中发现问题和解决问题。但是教的理念与观点深受同时代教学观的制约和影响。斯金纳早在20世纪50年代就提出了机械主义教学观，提倡程序教学和机器教学，其教学的基本观点就是把教材分成具有逻辑练习的"小步子"，进而练习强化。

随后，布鲁纳开始对逻辑练习的小步子提出反思，开始强调学科的内部结构和联系及其规律。一方面，他强调结构的动机原则，即某些结构的联系本来就会吸引学生的学习；另一方面，创设环境，使学生体验问题的不确定性，进而激发内部学习动机。

建构主义教学观第一次旗帜鲜明地提出并重视情境的思想：重视情境并把情境视为建构理想的学习环境最主要的要素之一。在教学设计中必须创设有利于学习者对所学内容进行意义建构的情境，教学内容方面注重具有真实情境性的教学内容，强调用情境真实、复杂的方式呈现问题，营造解决问题的环境。具体方法包括随机通达教学、情境性教学。前者认为高级学习比较复杂，学习行为的获得必须在具体的情境中加以考虑，认为对同一内容的学习要在不同时间、不同情境下进行；而后者认为传统教学是一种使学习去情境化的做法。主张教学中，首先应该使学习在与现实情境相类似的情境中发生，以解决学生在现实生活中遇到的问题。因此，学习的内容要选择真实的任务，不能进行简单化的处理。

情境教学在我国最早由著名语文特级教师李吉林于 20 世纪 80 年代中期创立。这种教学是基于充分利用形象，创设典型场景，激起学生的学习情绪，把认知活动和情感活动较好地结合起来的一种教学模式，强调情境的趣味性和情感性。它更多的是一种教学理念或模式，而不仅仅局限于一种方法。

这一思想源于我国古代"非不能也，是不为也"的主张。早在 1978 年，李吉林就针对学生不喜欢语文课的实践问题进行了大胆的教学改革和尝试。她率先从调动儿童的情感与认知结合入手，基于"儿童—知识—社会"的维度进行了教学改革，促进了有效教学。在实践教学中，她多采用活动课程，坚持以调动儿童积极参与语文学习的情感为目的，认为"情"本体是语文学习甚至是教育的本质。作为从实践中摸索出来的一种具体的教学方法，她后来结合中国古典文学的"意境说"，提出了情境教学方法、情境教学课程和情境教育思想与理念。

与传统的理论假设研究不同，李吉林的情境教育是一种由实践尝试再上升到理论凝练的范式。即便她处在研究氛围和条件相对薄弱的小学工作岗位，以及没有了解和掌握国外研究动态的情况下，她提出的情境教育理念却比具有情境教学特征的抛锚式教学都早。从"情境教学"到"情境教育"再到"情境课程"，李吉林情境教育的研究填补了国际"情境认知"研究领域的空白。因此，"寻求情境化的教育意义"成为后现代课程范式的研究转向，后现代课程论者甚至做出了"在东方文化中寻求课程与教学智慧"的高度评价。坚持"情本体"和认知活动相结合的情境教育被视为"蕴含东方智慧的课程范式"和"回应世界教育改革的中国声音"。因此，李吉林的情境教育是具有原创性理论体系建构的教育，她巧妙地把语文教学实践成功的经验借用意境说理论进行诠释，提出了她的"真""情""思""美"的语文教学审美主张，并提出"美是情境教育的最高境界"。在古典美学中，王昌龄把"物境""情境""意境"相对应为"形""情""真"以及景、象、境的审美效应，而意境说的核心旨趣则指向真实世界中的情景交融，注重以情育人。借助于优化的情境，客观外物会激起儿童的情感，进而使其自动卷入高效的学习行为中。情境教育富有诗意盎然之美，它不仅有诗的光彩，亦有诗的趣味。宗白华先生曾说过："美学的内容，不一定仅仅在于哲学层面的分析、逻辑方面的考察，也在于人物方面的趣谈、风度以及行动，真正理性的美学作品，所应追求的恰恰就在于学术性和趣味性的统一。"李吉林在儿童教育思想方面的显著特征就在于学术性和趣味性的融会贯通，这不仅仅是教育理论的诗意表达，更是教育在实践方面的诗化呈现。李吉林情境教育坚持在中国传统文学和审美文化中"寻根"，而没有沿用和生搬硬套西方教育思想，最终从实践到理论形成了具有中国传统文化自信和特色的情境教育，也为后现代课程甚至教育思想做出了中国智慧和中国方案的贡献。

因此，20世纪80年代中期，在李吉林老师创立情境教学不久，美国范德堡大学的约翰·布兰斯福德教授及其团队于20世纪80年代末开发了抛锚式教学。尽管二者有些区别，但都以情境的有效性为前提，主张利用情境与教学内容的紧密联系进而激发学习者的主动性。

其实无论是从"教"还是"学"的角度，现在的研究都开始转向对情境的关注。没有任何学习理论和教学方法是适用于任何时间和任何情境的，有效的教学取决于学科、环境和学生等具体情境，对情境的关注凸显了人们对情境在知识中的作用和地位的重视。其实，知识是一种关系体系，是主体与其环境相互作用而获得的信息及网络。任何的知识都存在于一定的时空、理论范式之中，它总是依托于特定的情境而存在，依托于复杂多样的环境信息情境而自主生成。

三、解决学校体育问题的路径依赖——情境教学

情境除在有效教学中扮演重要的角色以外，它也是解决当前学校体育问题的路径之一。具体包括体育情境兴趣正是科学的体育教学思想主题的反映，以及体育情境兴趣是青少年体育偏好参与的路径依赖。

（一）体育教学思想的变迁——突出体育情境兴趣

体育教学思想就是对体育教学活动起导向作用的，以教学目标、任务为核心的基本观点与认识。我国学校体育起源于1904年的《奏定学堂章程》的颁布。在"拿来"的同时，体育教学思想也随着时代形势的变化而逐步进行本土化的改造。体育教学思想变迁的背后彰显的是我们对体育课的定位以及对体育教育思想的价值取向。中

华人民共和国成立以来，我们在体育教学思想上一直存在体质论和技能论之争，当二者此消彼长之际，体育教学思想的场域有所扩大，全面发展体育、快乐体育、终身体育、健康体育等体育思想相继诞生。在体质论和技能论之间我们长久犯下了非此即彼的思维方式上的错误，于是，随后就出现了试图调和二者之争的"全面发展体育思想""培养能力体育思想""快乐体育思想"和"终身体育思想"。但是究竟如何全面发展体育以及培养体育能力的某一方面？一些体育教育思想对这些问题的诠释很模糊晦涩，不具有可操作性。这些体育教育思想看起来包罗万象，不具有争议性，但是在体育教学的目标、任务制定中不具备原则指导性作用。对1993—1997年之间体育教学大纲修订变化的研究发现：学校体育的课程内容本身的趣味性和课程内容的普及性较差。随后在2001年提出的体育课程改革中，在课程价值取向上首次提出以学生发展为本位、从学生的运动兴趣出发的教育思想。要求学生体验运动乐趣，获得运动技能，为其终身体育奠定基础，进而实现人的全面健康发展。

以学生全面发展为本位、激发学生参与体育运动的内生动力、奠定终身体育基础，必然是体育课程的本体功能和新的教学观。但如何在学校体育教学中创设有效情境，使学生充分享受积极的情感体验，以及如何变被动学习为主动学习，将是今后学校体育教学改革的重中之重。

（二）学校体育之路与青少年体育参与的困境分析

在实践中，学校体育历来被社会轻视和边缘化。比较形象化的表述就是"学校体育说起来重要，做起来次要，忙起来不要。"当前的体育课没有得到应有的重视，课时不足，即使上了体育课，学生对体育课的内容接受起来也特别困难，甚至不喜欢。教育部体育卫生与艺术教育司司长王登峰在谈到学校体育改革时就指出："我们需要做的第一步就是让学生动起来。第二步就是让体育课变得有趣味，激发兴趣，受到学生的欢迎。"他倡导体育内生动力，认为这是人的一种内在需求，发自内心的热爱，是自己的真实需要而不是外界强加给个体的。内生动力有两个来源：生理真的需要和自身认为这是生活的必要组成部分，没有了这种动力就变得没有意义。他认为学校体育最重要的理想图景之一就是学生喜欢上体育课，当然这也是体育教学改革的重中之重。

当前青少年学生体质连续下降，引发社会各界对学校体育的责难与归咎。尽管学生体质差是一果多因，但是也与当前学校体育课的教学质量低下有一定的关系。而青少年体育参与问题与体育课的教育价值和学校体育组织密不可分。我们应该遵从学生的体育心理需求，找到适合孩子心理、行为的体育活动，慢慢培养他们的兴趣。孩子在小时候的确不知道体育有什么好处，也不需要知道，重要的是先要让他们觉得好玩，喜欢上体育课。任海教授建议，多组织三大球活动对学生的成长有好处。我们不能强迫学生去运动，应该考虑让学生自觉自愿地参加体育活动并形成习惯。

篮球、足球由于项目本身的强对抗性和三大球参与的群体性，以及比赛结果的不确定性，深受大学生的喜爱。三大球课堂教学在整个学校体育中的地位和课时比重都较高，然而普通高校学生喜欢三大球运动而不喜欢三大球课堂教学的事实依然存在。这一差异主要源于二者建构的三大球项目情境的真实性高低差异。因此，本书的研究主要基于普通高校三大球运动教学实践中运用情境兴趣的原理来提高教学效率为主旨的理论进行展开。

第二节　三大球运动项目课堂情境兴趣优化的理论架构

在三大球运动项目情境教学中，既要考虑人类主体的一般情感需要和情绪发生机制，也要考虑三大球运动项目嵌入的趣味性特征要素。仅仅单纯地从主客体角度分析运动项目情境兴趣教学就会陷入哲学思想上的主客体二分法的形而上学的错误。为此在考虑个体行为事件的基础上，更要考虑个体与社会和群体的交往以及主客体间性。正是情境统筹于主客体间性，才会有主体客体化与客体主体化统一的过程。

运动项目情境兴趣教学以运动项目为载体，其主体是教师和学生，而最终的学习效果是通过学生对三大球运动项目的情感态度以及课堂实践中的表现而呈现的。情境兴趣教学理论中，无论是情绪发生的需要、预期机制假说还是情感教学模式理论以及主体习得性行为规律，都是对主体——人的一种情绪发生、情绪需要和高扬人的主体性，以及人的心理需要特点为依据进行的考量。因此，三大球课堂有效教学应该以情感教学模式理论为指导，有效整合三大球运动项目内容情境。在此前提下，参照人的习得性行为规律来指导课堂教学实践活动。而有关运动项目教学内容的本身特点所引发的情境兴趣就是运动项目情境的自在趣味强化原理。这些理论关涉人的主体、事物本身客体，以及主客体间性所营造的情境视角，考察了人的有效习得性行为的特点和教学规律。特别是有效教学所要遵从的教学要素和情境支持特点为三大球运动项目情境兴趣教学的理论给予了直接导引和理论支持。具体而言，三大球运动项目情境兴趣教学的理论架构主要有三点：第一，在激发三大球课堂教学情境兴趣过程中，除了关注主体学生和客体三大球运动特点以外，更要关注主客体间性。只有达成内部与外部动机关系的最佳匹配，才能最大限度激发三大球习得行为动机的发生。第二，三大球课堂教学质量的提高依赖于复杂系统的整体训练，特别是建构学生三大球复杂技术自主生成的情境依赖。第三，学生在三大球课堂实践中体验到的兴趣点要与三大球运动项目情境的自在趣味强化要素充分糅合。第四，就三大球课堂学习中的学业情绪而言，努力建构群体性的集体情感分享仪式行为，以及最大限度地显示三大球运动项目情境本身赋予的情感刺激要素。其具体建模见图5-1。

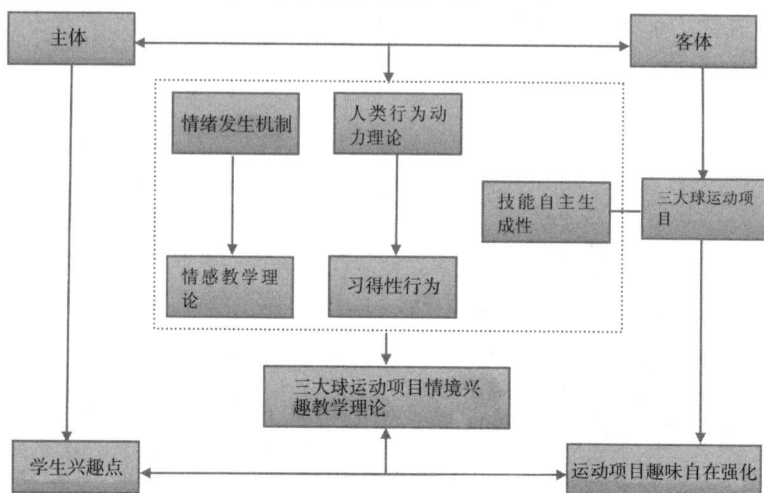

图5-1 三大球运动项目情境兴趣教学理论框架

运动项目情境兴趣教学的立论基础与体育传统课堂教学实践中存在的教学效益低下密不可分。三大球传统课堂教学思维就是本质主义和机械还原论，即把三大球运动项目抽象、简化、提炼为一系列固化情境的动作。因此，在课堂教学中就存在单一机械的"教师教动作、学生练动作、考试考动作"的现象。由于过分强调动作规格与规范，忽视了对运动项目整体性的考量，进而致使学生出现"学了不会打、学了不会踢、学了打不起来"的问题。在三大球课堂教学的具体实施过程中，有时候把运动项目过度解读为一个单纯的认知学科而加以对待。三大球课堂教学注重认识规律对体育知识和技能掌握效率的影响，有严格的先讲解后体验程序，较少顾及学习者对学习内容的心理感受。传统三大球课堂教学实践中存在的问题是运动项目情境兴趣教学的立论基础之一，除此之外，三大球运动项目课堂情境兴趣优化的理论架构也应用了人类行为动力学理论、情绪发生机制假说、情感教学模式理论、主体习得性行为和技能自主生成性、运动项目情境的自在趣味强化原理，这些从学理方面构成了运动项目情境兴趣教学的立论基础、论点和论据。

一、人类行为动力学理论

学生在三大球课堂上的参与兴趣的程度可以从人类行为动力学理论中找到理论支持。本质上说，学生的体育偏好是一种人类动力与行为的关系，而人类的行为活动在推动社会发展和变化的同时也反向地影响着人类的后继行为。也就是说，深刻理解人类自身行为的规律与机制方可探讨人类行为的动力机制。人类行为的复杂性和影响人类行为因素的多样性，决定了行为的动力机制由自适应兴趣的人类动力学模型和社会交互行为模型所构成。

第一，基于自适应兴趣的人类动力学模型。从单一个体考察，人在某特定行为事件后会借助于特定调节机制，进而改变以后该行为的概率。若以时间阈限为分界点，一定范围内，行为发生概率与时间间隔成正比。在这一过程中人类可以自适应地调节做某种特定事件的兴趣或欲望。

第二，社会交互行为模型与临界现象。人是社会性群居动物，研究人的行为动力更应该关注人类群体的交往行为，正是群体交往行为激活或弱化了个体的行为。

动机到行为的关系很复杂，存在一定的非线性关系。即行为不一定都是由动机构成的，有些行为是无意识和偶然造成的，有了动机也未必一定有行为发生。

二、情绪发生机制假说：需要、预期假说

学生对三大球课堂的体验伴随着强烈的情绪感受。学生的情境兴趣与课堂中情绪发生机制息息相关，而情绪的认知评价理论认为，情境因素和个体心理结构共同决定情绪。其实决定情绪的重要因素既有传统心理学理论所强调的客观事物与个体需要之间的满足与否，还有客观事物与个体预期之间的反差关系。情绪的强弱直接和预期与反差大小成正比。正是基于此，上海师范大学心理研究所所长卢家楣提出超出预期的情感发生心理机制。其主要依据为维果斯基提出的：教学内容的难度只有介于学生现实的发展水平和潜在的发展水平之间，才能获得最理想的发展效果。其内涵主要指教师在教学过程中对教学材料进行处理后所呈现的教学内容应超出学生的预期，

进而引发学生的学习兴趣，提高其学习的自主性和积极性。其机制为超出预期的刺激引发惊奇情绪。心理学研究表明，作为兴趣情绪，其产生主要来自致使客观事物超出个体预期刺激的新异性和变化性。而兴趣情绪具有明显的情境性特点。

若从教学内容的难度上考察情感的发生变化，那么教师呈现给学生的教学内容的难易程度该如何控制为好？维果斯基提出的"最近发展区"理论为教学内容的难度程度处理提供了操作依据。该理论指出，教学内容的难度只有介于学生现实的发展水平和潜在的发展水平之间才能促使学生获得最理想的发展效果。该理论首次突破靠已知基础求知的传统束缚，大胆地将学生置于由不全知，而求全知——"跳一跳才能够得着"的境地。

总之，情绪最早与人的生理、心理欲求结合在一起，在社会进化过程中人的情绪就被社会建构，具有社会性。从个体情绪的出现发展而言，情绪的发生发展总是与一定情境行为的特定事件有密不可分的关系。情绪既有生理等遗传方面的稳定性，也随情境的改变而发生变化。也正是由于情绪理论与情境的不可分割性才使教育拥有可操作性。

三、情感教学模式理论：情境依赖

三大球课堂情境兴趣优化也可以视为一种教学模式。而纵观国内外各派教学理论和学习理论中对情感因素的重视，可窥见情感教学理论的发端。苏霍姆林斯基、认知学习理论的创始人皮亚杰、课程结构主义者布鲁纳等人都从不同的视角对情感教学理论给予重视，只是论述的角度和对情感的积极作用的侧重点不一。

以美国罗杰斯为代表的人本主义为情感教学理论奠定了基础。该教学理论中的人本主义情感教学思想在美国诞生之初直至现在一直占主流地位。具体而言就是突出情感在教学中的主要作用，激发学生的学习动机。情感教学理论的主要出发点就是"以情优教"，反对传统的僵化教学模式。僵化教学模式的主要问题在于教学无法提供给学生关于揭露事物和学习知识的意义从而产生正确的情感的机会。

在巴甫洛夫的实验研究成果基础上，苏联现代教学论专家斯卡特金也建立了情感教学思想。实验依据就是积极的情感增进大脑皮层的有效工作，消极的情感则阻碍或压抑它的工作。该思想主要阐明积极情感是认知的动力要素，主张教学要创造学生参加学习活动的积极环境气氛。

尽管传统教学理论也谈兴趣、动机和信念，但其仅把兴趣视为服务于认知过程的辅助手段，没有上升到培养人的目标。现代德国教学论中的柏林学派甚至明确提出以情感作为教学本身的目的，对教育的理念做出了重大的贡献。

总之情感教学理论就是最大限度地发挥情感因素的积极作用，进而优化教学目标的导向。其主要观点：其一，情感是现代教育、教学论的极其重要组成部分，情感既是实现教学目的和任务的手段，也是教学目的本身；其二，联系教学过程中的师生、师生与教材之间的枢纽既有人类历史经验更凸显人的情感体验；其三，教学中的积极情感具有可培养性，有效教学就是在重视情感教学的前提下，创设有效的教学气氛。教学中对情境如此关注是因为教学行为的生成变化与情境密不可分。另外，从更宽广的视角分析教学行为，就会出现物质世界情境依赖的普遍性决定了教学行为内生于情境的结论。

四、主体习得性行为和技能自主生成性的复杂情境依赖

其实也可以从运动技能形成规律和环境的关系角度考察三大球课堂情境兴趣优化理论。20世纪80年代前后，美国心理学家德西和瑞恩提出用基于动机的自我决定理论考察主体习得性行为。该理论用于解释人类自主行为的本质和外部环境对个体自主行为的影响。该理论从人是积极的有机体出发，在自身需要和环境现实下对行动做出自由选择；该理论认为人类有胜任力、自主和关联三种基本的心理需要，只有在满足这三种需要的情况下，人的自主行为才会真正地发生。它一反常态，没有对内部动机与外部动机做出非此即彼的偏好选择，而是认为二者并非相互排斥，从本质上认为，人的实践行为发生和自我调节历经是从无动机到外部动机再到内部动机渐次增强的过程。

依据自主行为的自主程度把外部动机分为外部调节、投射调节（由内部刺激、压力或内疚、自尊的威胁而对行为产生的调节）、认同调节（认识到某一活动对自己的重要性或有价值而采取行为时产生的调节）和整合调节。

在自我调节方面，调节性匹配理论论述了个体如何进行自我调节。过程评价的调节性匹配理论一方面重视不同行为的偏好选择，另一方面重视情境的信息调节。基于过程的评价体系对决策行为的影响，调节性匹配对行为动机和预测行为结果都具有重要的价值。

在实践行为中存在个体对不同行为的偏好选择，正是不同行为

的偏好选择增强了个体的行为动机，提高了任务绩效和情绪体验强度。调节匹配理论存在特质性和情境性两种调节定向。研究发现，情境中所传递出的信息线索能够使个体产生行为调节，即情境性调节定向。该理论强调在调节行为时，应该呈现实质相同但方式不同的信息，进而启动、促发个体短期调节定向。

自主学习理论自诞生发展至今，先后经历了操作主义、建构主义、人本主义、信息加工等不同流派。以上流派由于自身对主体的外部、内部或主体本身的行为的重视偏颇，造成了以上理论流派的短视。而当下的自主学习理论的社会认知取向有效地整合了以上自主学习的三因素，成为当前自主学习研究的热点。

该理论认为，自主学习行为的实际发生归于学生能够选择、组织、创设使学习达到最佳效果的环境。该理论代表人物齐莫曼和申克提出了自主学习能力发展的观察水平、模仿水平、自我控制水平和自主水平的四级体系。它主要是考察某自主实践行为如何历经榜样作用、模仿练习、自我控制，以及最后的自主行为的实际发生。

一元训练理论的视角。一元训练理论认为，训练是一个复杂的系统，每个部分能力的提高不等于运动成绩的提高，运动员竞技能力的表现是统一的、完整的。田麦久先生也坦诚地认为，运动训练学研究的难点之一就是竞技能力的提高和改善受制于运动训练本身以外的社会学、经济学、地域学和文化学等多因素的影响。

茅鹏对具体运动项目如何实践一元训练理论做出了论述，对足球运动项目而言，茅先生主张足球训练"专项化"、注重球艺而贬斥"杂项化"训练。也就是说，他主张重视结合球的技术训练，反对一味地脱离足球技术而进行的体能训练。充分抓住少年儿童的"成熟区可训练区间"，在方法上重视"复杂技术内生型发展路线"。"复杂技术内生型发展路线"在群众性足球运动的开展实践过程中，即实用、复杂和巧妙的足球技术会自然地产生和发展出来。我们应该认识到传统足球的"脚法""基本技术""基本功"等技术教法上的薄弱。

在篮球训练中的还原论思想影响下，有研究者对运动员脱离篮球项目而进行速度、耐力、力量等单纯体能训练提出了批评，并认为篮球训练所有的速度、耐力和力量应该通过专项训练进行改进和提高。

总之，在宏观方面，自我决定理论探讨了人的自主行为本质上是从无动机到外部动机再到内部动机渐次增强的。在这一过程中与自主性、胜任力、关联的自我调节密不可分。在个体自我调节定向方面，调节性匹配理论阐述了个体行为偏好选择和情境在个体自我调节中的作用。在学习领域，自主学习理论探讨了自主学习行为与学生能够选择、组织、创设最佳效果的学习环境的关系。在体育领域中一元训练理论主张采用复杂系统的整体训练，重视复杂技术内生型发展路线，反对脱离运动专项的一般身体训练。

五、运动项目情境的自在趣味强化原理

高校三大球体育课堂以运动项目为载体，而三大球运动项目在发生、发展的演进中必然蕴含着显性或隐性的项目自身情境。那些三大球起源时刻就具有的内在活动方式和元素必然存在自在趣味强化特征，如篮球中的命中、拼抢球权，足球的拼抢和射门以及排球的攻防转换。

　　三大球运动项目中体现的动作、技战术的有效性更多的是一种多因一果和情境受限下的不确定性。再好的科学投篮训练，在比赛过程中的投篮甚至是罚篮情境下其命中与否都是一种概率性的事件，而不可能是唯一的、确定的次次命中。由于比赛对手的竞技能力不一和竞赛情境的不确定性决定了还没有一套万能的普适性的战术。

　　传统的动作技能教学只是把注意力更多地集中于人——教师和学生，而忽视对教学中的载体运动项目和教材的情感分析。其实，无论是运动项目还是教材都是人化了的事物。它们既是运动项目进化和人类在体育项目实践和认识体育运动项目的经验总结，也是教育者的意志在特定社会时期向学生提出特定学习内容的具体体现。教材和运动项目进化过程中必然蕴含相应的情感印迹，教育者在教材编写的过程中，也会流露出体现其意志的价值取向和情感。因此，教师在把运动项目和教材当作教学内容时，就需要积极整合运动项目和教材自身的情感因素，努力发挥娱人致趣的作用。

　　在动作技能学习中，反馈和强化的应用具有举足轻重的作用。通常认为来自自身的反馈为自然强化，它是运动项目本身所固有的，能够使练习者增加或减少某种行为的发生。与此相对应的就是来自外部的反馈而非自然强化。

　　事实上，几乎所有的竞技活动都会在几个不同的、非连续层次上生成其自身基本的形式结构。从游戏的视角分析三大球运动可知，我们传统所讲的那些三大球运动中的制胜研究中的必胜法是不可能长久存在的。因为游戏规则禁止使用较为省力的方法，而是倾向使用最不省力的方法——构成性规则，只因为构成性规则使得游戏可以进行而被大家所接受。三大球运动具有对抗性强和体力耗费大的特点，符合构成性规则的要求。另外，正如约翰·赫伊津哈在《游戏的人》中所表述的"游戏的愉悦抵制着所有的分析和逻辑解剖"。这正是从游戏视角对运动项目情境的自在趣味强化进行了阐释。

运动项目自然强化学说认为，自然强化的发生必然是以学习者的直接参与身体练习为前提的。对三大球运动项目的学习就宏观而言，自然强化事件主要有显性的投篮、射门、对抗、争夺球、回合以及隐性的群际情感交流、炫耀等。具体在运动项目中：在篮球运动项目中有与个体相应水平对应的投篮命中与否、争夺球、突破；足球的射门、控制球与争夺球；排球中围绕回合所展开的接球和传球。在挖掘三大球运动项目学习中的自然强化事件的同时，要结合非自然强化事件，在挖掘学生兴趣的基础上渐次规范动作技术。三大球运动项目的橡皮律特点告诫我们，在三大球运动项目学习中要对多因一果事件加以重视，加大学习实效性，激发学生兴趣。

六、三大球运动项目的发生学情境考察

三大球运动项目从发生学角度可以阐释三大球运动项目从无到有，以及发生、发展和变化的过程。在这一演进过程中，三大球运动项目的确享有共有情境的演进逻辑。

（一）三大球运动项目存在的共有情境

三大球运动项目的确存在着共有的情境。首先，共有情境之一就是球体赋予三大球运动的情境。

无论是在远古时期还是现代，球类运动总是让人痴迷，这主要是因为球的特征和运动项目的特征。在有关文献论述中得知球是古

代戏具之祖。早在新石器时代，中国人就把石球作为一种戏具来进行各种各样的抛掷、踢击。

人们为何对球体情有独钟呢？从文化学的视域解释：球的形状是人们现实生活中最常见的，也最易引起亲切感。圆形的物体更容易引起人们的兴趣，因为赋予圆秩序，赋予圆规则，它的跳跃和滚动能引起人的游戏。从美学角度考察，弧线是最美的。在哲学上毕达哥拉斯学派比较了各种多边形后，得出圆和球是最完美的。他们认为，圆形具有完全的转动对称性，即最高的对称性，而认为圆是在所有的几何图形中最完美、最和谐的图形，即对称就是和谐。在运动实践方面，人们便于抓拿，抛接球体，手不至于刺伤或磨破；圆的东西便于滚动，具有灵活、多变的特征，很容易激起人们的兴趣，也不易使人感到枯燥和产生心理疲惫感；在运动实践中，球体在空中的流线型较好，所受阻力较小，可以飞行较远的距离。另外，从好奇心理学的角度分析，人们一直在探索球体运动规律的非线性。比如篮球在篮圈上沿滚了几圈后球进篮与否的现象、排球发球时球接触球网后的发球成功或发球失败、足球射门中出现的球接触门柱后的进网与否。这些反常的现象本身毫无规律性可言，即使存在数学或生物力学方面的规律，也很难让运动员掌握并应用这些规律。而正是这些球体运动的戏剧性情境吸引着玩球的人。

其次，三大球运动共有的情境还包括群体参与性。尽管篮球、排球、足球运动最早对参与人数没有限制，只要均等即可，但是篮球运动参与人数大部分还是在10人以上。排球运动在欧洲或美洲大多是6人制，在亚洲排球运动甚至经历了16人制、12人制、9人制和6人制的演化过程。足球运动更是从诞生之日起就是村落之间进行混踢，参与人数多达百余人。

最后，从三大球运动项目的发生学考察，三大球存在共有情境的球趣。具体包括球体本身吸引的美学特征、运动实践中的便于抛接和抓握，以及运动过程中的戏剧性变化。三大球运动项目的共有情境还包括集体参与性。在多达数十人的集体比赛中，集体体验为强烈的比赛情感。此外，三大球存在共有情境还包括对球的争夺与控制。篮球和足球在整个运动过程中都是围绕争夺球权而展开激烈的拼抢行为。争夺到球权以后才有接下来的投射行为发生，而排球运动就是对球在球网上方的飞行过程中，对球落地区域的努力控制。

三大球运动项目共有的情境除了可以激发人们的兴趣外，三大球运动项目自身所具有的自在趣味性要素也在和运动参与者发生交互作用，激发运动者的参与兴趣。而要挖掘三大球运动项目的自身娱人致趣特点，就要从三大球运动项目的发生学和类似于三大球游戏的人类学去考察。也就是说，去考察球类运动中的篮球、排球、足球是如何出现和发展变化的，它们与类似的早期球类游戏有无瓜葛。

（二）篮球项目起源的发生学考察

尽管篮球是一项相对现代的发明，篮球项目发明人奈史密斯坦言，这项运动与玛雅人的球戏和自己小时候在家乡玩的"打小鸭"游戏密不可分。当初奈史密斯博士在选择投射目标时，他最早想采用足球的射门方式，但是认为该射门方式会助长粗野行为发生，违反了早期发明运动项目的非接触性原则。很快，他想起了玛雅人发明的"场地球"游戏。该球类游戏的特点是在限定的场地，在追随球的滚动和弹跳过程中，人们都力图抢到具有弹性的橡胶球，并将球击入高出球场地面的石洞获胜。

依据奥林匹克官网关于篮球运动的历史介绍可知，奈史密斯最初是为了在冬季找到一个适合室内活动的运动项目来保持学生的体能，最初是 13 条规则。就器械而言，最早用桃篮进行投篮，每次进球后还需把球取出，然后继续进行。随后桃篮底部被去掉可以使投中后的篮球从底部自行掉下。1906 年才开始用金属圈代替桃篮。就投篮用球而言，最早的球是用足球，就颜色而言，经历了褐色以及后来的橙色，以便于运动员和观众的视觉分辨和搜寻。

从篮球运动的起源和最初的规则能看出，篮球是一项以争分为主的运动项目，主要得分手段就是投篮或罚篮。最初是不允许身体接触和对抗的，随着篮球运动的发展才允许身体的合理接触与对抗。因此，篮球运动的第一要素就是投篮命中与否，这也是最核心的要素，另外，该要素也可以独立于运动项目其他要素而独自呈现。在都市生活中的各种休闲游戏，比如海洋馆中会有许多小摊举行计时命中个数的篮球投篮游戏，在规定的时间内命中一定的个数给予相应的奖励。另外，诸如日常城市广场等举行的促销活动，也会用简易篮球架进行投篮比赛。

除了投篮情境以外，对球的争夺行为情境也是篮球运动项目的一个最重要的特征。在篮球规则诞生前，篮球比赛开始的形式为双方队员分别站在两端线外，裁判员鸣哨并将球掷向球场中间，双方跑向场内抢球意味着比赛的开始。随后由于球员在争夺球的过程中存在过分野蛮和粗鲁的动作，篮球比赛开始不允许过分的身体对抗。后来规则有意地增加了比赛的对抗性和激烈性，在篮球比赛规则中对时间的修改演变就可以发现这一趋向。在过去，篮球比赛像足球比赛一样，球员在场地里到处传球，有时候领先方甚至故意拖延时间。因此，才有了1957年的30秒进攻、2003年8秒过中场、24秒投篮规则。另外，为了限制高大运动员在限制区持球进攻时的成功率，限制区从最早的10.6平方米变为现在的28.42平方米。限制区要是不扩大，就不会发生高大运动员在限制区持球进攻后所有运动员的拼抢行为，为此篮球的第二核心要素就是对球的投抢情境。正是由于没有百分之百的命中率，才会有集体拼抢球权行为的发生，进而致使篮球运动项目的激烈程度和观赏性提高。因此，篮球运动项目的情境特征除了具有球趣特征情境、集体情感分享以外还具有投抢情境。

（三）足球项目起源的发生学考察

足球起源于中国古代的蹴鞠，而现代足球直接由中世纪的英国街头足球演变而来。

从发生学考察足球的起源要追溯到人类社会的史前时代，且世界范围内不同民族都曾有过用脚踢球的记载。有关足球起源的学说有宗教说、战争说等。

体育史界关于足球起源的宗教学说认为，在中世纪欧洲部分村落的农民把象征本村的"病邪"填入球状皮包内并踢入邻村，隔壁村庄也如法炮制——带有巫术迷信色彩的村落之间的冲突后来逐渐演化为田间进行的娱乐活动形式。这就是现代足球的雏形。不管是村落之间还是农作期间，都是在对抗中争夺球权，进而努力地将球踢到特定区域。

另一种说法是足球的战争说。中国最早的记载是黄帝在与蚩尤的战斗中获胜并擒杀了蚩尤，后把蚩尤的胃取出来，塞满了毛发，做成球状让士兵们踢以泄愤恨。欧洲也有足球起源战争的传说。远在 11 世纪，英国与丹麦进行一次战争后获得一名丹麦人头骨，士兵们争相用脚踢踢，以泄愤恨。然而国际足球联合会最终还是承认了足球起源于中国，就中国的蹴鞠形式发展而言，也经历了竞争性的多球门强对抗、单球门的争夺和娱乐杂耍表演形式。而现代足球运动发展的趋势是强对抗性、攻守转换快、强调速度与对抗的有机统一，特别是美国足球更是注重整体打法和强对抗，最近五年进步很快。

从足球起源的发生学考察足球运动的重要情境：争夺球权和射门行为。与篮球运动项目中的投篮机会和成功率情境相比，足球运动过程中的射门机会少、成功率极低。因此，足球运动项目的核心情境就是球员对球权拼抢后向对方球门推进的系列行为。其中争夺球权的拼抢情境贯穿整个比赛过程。除此之外，足球运动情境还包括象征性的领地侵占射门情境以及个人足球的杂耍表演情境。总之，足球运动项目的情境特征除了具有球趣特征情境、集体情感分享以外，还具有球员对球权拼抢后向对方球门推进的系列行为情境。

（四）排球项目起源的发生学考察

在排球即将被发明的时代，篮球和网球运动项目当时在美国最为流行。排球的发明者摩根认为，篮球运动太激烈，网球运动又太小，为寻求运动量适中又具有趣味性、男女老少都可以参加的运动项目，一个温和的、非对抗性的排球活动应运而生。活动的主要目的是在击打过程中双方以球不落地为准则。最初，他把流行的网球运动项目搬到室内，在篮球场上用手打，刚开始，将网球网挂在篮球场，隔着网子用篮球拍打，像打网球一样进行游戏。但是室内篮球场太小，球容易出界，为此，他做了改进，不允许球落地。还有就是篮球太重、太大，不能按预想的方式进行游戏，他便尝试使用篮球胆。

从现代排球运动规则的变迁发展看，早年的排球比赛允许拦截发球，1984年开始不允许拦截发球。最初的规则中发球不允许触网，2005年改为允许发球触网。从击球部位考察，最初只能用手，后来为腰部以上，到1941年，允许膝关节以上，再到1994年，身体任意部位都可以。

自排球诞生起，就是攻强守弱，这也是这项运动的生命基因。设立标志杆是为了缩小防守的宽度，允许过网拦截，放宽持球和连击的限制，拦网不计入触球次数，都是为了攻守平衡。自由人规则从没有替补到有替补的转变。

排球运动的用球从最早的篮球、篮球胆至硬式排球、软式排球等是直接为使用者的舒适，间接为流畅回合服务的。

从排球运动的发明、排球规则、器材变迁等都可以挖掘出排球运动的显著特征和核心要素就是球不落地，打来打去的流畅回合；从排球整个规则的发展变化来看，也正是保护这一核心要素。因此，排球运动项目的情境就包括球趣特征情境、集体情感分享情境和在打来打去的流畅回合过程中，球员努力使球不落在本方区域地上的系列行为情境。其中，打来打去的回合是排球运动项目的最核心情境。

第六章 青少年学生对三大球情境兴趣的异质性研究

第一节 青少年学生对运动项目兴趣的异质性研究

教育者经常要问自己的首要问题是，学生的真实体验是什么？容易被忽视的是我们想当然地认为学生的体验并不重要，其实重要的就是学生自己所说的体验。

在真实的教与学的情境中，学生一定存在对课堂环境的真实体验与认知，教师也要尽可能地知道学生是如何体验自己的学习经验和特定的课堂事件的。正是在具体的课堂情境中才构建、生成了学生的知、情、行。

一、学生对篮球运动感兴趣的质性解析

在形成意义的开放式编码阶段共得到 21 个主题，1021 个开放式编码。在形成概念词的轴心式编码阶段，即对主题和开放式编码进一步归纳概括，合并意义相同或相近的编码，厘清开放编码中的层

次关系，使得概念词更为精确全面地解释现象。例如，将罚球、命中、进球等归于命中。出现最多的信息点是描述各种对篮球运动兴趣点的词语，学生对篮球运动项目兴趣结构中重要子节点的覆盖见表6-1。在第二阶段，将所得出的开放式编码归纳为11个主题，即影片及其"明星"、生活中的"明星"、职业比赛及其球星等。在编码的最后一个选择式编码阶段，得出三大重要兴趣来源：项目本身的致趣因素、示范效应领域和心理感受领域。访谈资料显示的青少年学生对篮球运动兴趣的开放性编码举例详见表6-2。

表6-1　青少年学生对篮球运动质性材料的编码信息分析

兴趣来源	主题	信息点举例
项目本身的致趣因素	命中	罚球、命中、进球、突破、刷网、配合、团体、得分、投篮等
	拼抢	奔跑、抢球、对抗性、肌体的碰撞、抢到篮板球等
	声响	篮球后旋入筐的脆响、"嘣嘣嘣"、运球时与地板的摩擦声等
	不确定性	翻盘、奇迹、绝杀等
示范效应领域	影片及其"明星"	《灌篮高手》，樱木花道等
	生活中的"明星"	爸爸、哥哥、体育特长生等
	职业比赛及其球星	NBA、总决赛，姚明、艾弗森、科比等
心理感受领域	个体欢愉体验	快乐、喜悦、轻松、幸福感、满足、兴奋、激情、享受、自信、宽容等
	集体情感分享	氛围、友谊、信任、团队合作等
	不良情绪缓解	忘记烦恼、释放压力等
	自我认同及表现	成就感、不服输、磨炼意志、自我超越、个人主义等

表 6-2　青少年学生对篮球运动兴趣解析的开放性编码举例一览表

次类别	参考点	覆盖率	编码举例
项目本身的致趣因素	91	11.25%	"不过还是喜欢刷网的感觉，喜欢抢到篮板球，喜欢绝妙的传球，喜欢肌肉的碰撞。好像理由很多，但那又好像不是正经理由。隔些时日，不打球就手痒，只有摸到球、打得爽才能缓解。和熟悉的朋友一起打球，互相调侃，快乐得不得了，虽然我技术差，却渴望赢球的快感。" "通过努力所获得的成就感。后来成为朋友之间交流的手段。高强度对抗、拼抢。个人对团队的每一次努力，这种作用都会奇怪地放大、肯定这种价值认同，或许是自己组队和对手集体对抗的缘故吧。我从高中开始打篮球，喜欢打篮球，喜欢球进的一刹那。" "尽管篮球是团体项目，但每个人在每个位置都能得分，参与进攻。另外，篮球节奏快、得分较多，观众的情绪很容易被调动。篮球能够让我们每个人参与到篮球运动中。喜欢篮球运动量大，但是在队内可以自己调节运动量。" "对位、突破对手后的投篮很过瘾。拼抢篮板球的专注，华丽的突破，盖帽后的自豪，投篮命中产生的自信，篮球运动彰显我们的野性。"
示范效应领域	98	7.94%	"我第一次接触篮球是在小学五年级，由于自己身材比较胖，母亲担心我和她一样个子低，就买个球给我玩。变高变瘦是自己的梦想，我喜欢看NBA，喜欢韦德，看他的突破。我也喜欢乔丹的纪录片，每次看完就兴奋，抱着篮球就去打。" "受乔丹和樱木花道的影响。我跟着堂哥看了1998年NBA总决赛，最后一场乔丹的表现使我喜欢上了篮球。" "我看了《灌篮高手》也没有篮球实践。我从高中开始看NBA，过了好久喜欢上麦迪，35秒13分对我的震撼，使我开始打篮球。"

续表

次类别	参考点	覆盖率	编码举例
心理感受领域	221	21.71%	"篮球是团队协作的运动，对队友充分信任，享受快乐。能够释放激情，享受生命，体会运动的快乐，打球能够忘记生活中的烦恼，得到满足感和幸福感。不会计较比赛的结果，而是更享受比赛的过程。" "寂寞、伤心时篮球给我快乐，孤独时篮球给我力量。我在高中打篮球时认识了第一个好朋友，排遣在寄宿学校的寂寞。篮球成为我的精神寄托，让我自信，不放弃，无所畏惧。" "篮球可以带给我激情，与别的项目相比，篮球更多地带给我活力与积极阳光的心态。上大学时，打篮球可以更好地与同学相处，尽情地释放学习压力。" "我觉得篮球运动体现了一个人的个性、个人价值。我喜欢飞奔突破的感觉，喜欢和朋友分享篮球快乐。中学学习压力大，打篮球成为我发泄压力、获取快乐的源泉。后来打篮球成了我的一种生活方式。"

通过节点材料的来源数以及参考点的数目，可以判断各个节点中所有构成青少年学生对篮球运动偏好的路径依赖。学生的心理感受领域和篮球项目本身的致趣因素是访谈对象提及频率最高的两方面。而学生对心理领域的感受频次最高，恰好可以说明情感在篮球课堂学习中的重要作用。在个体心理感受领域，一个重要因素是自我表现动机，自我表现被描述为通过社会的、公开的表现，要求得到身份认同的过程。这种重要的公开表现为可能的自我重新界定创造了机会。观看该项目的观众可以提高自我表现动机，若在篮球场

上运动员们能切实地感受到观众（尤其是一些特定观众）对自己的支持，这会使他们的心理产生变化，从而迫切地希望自己能在观众面前表现得更完美。有研究表明，当出现观众支持时，运动员称自己对获胜具有更强的信心。另一个因素是排遣负面情绪的通道。心理学上把焦虑、紧张、愤怒、沮丧、悲伤、痛苦等情绪统称为负性情绪，负面情绪可以通过参加体育锻炼或者户外活动，让自身处于一种大汗淋漓的状态而得到缓解，这也是一种放松自我的过程。

除此之外，群体所诞生的一种集体氛围归属感对学生们有着特别的意义。学生通过对篮球运动这一平台建立起来的团体归属感，进而在团体活动中，努力寻求集体认同，最后产生自我满足感。而且依据质性访谈方法发现，个体对篮球偏好行为的发生可以从个体和群体两个影响因素加以考虑，在该项目中，群体性影响更为重要。

篮球项目本身的特点是青少年学生对该项目产生兴趣的一个重要来源，因此，篮球运动的核心规律应该是拼抢与命中争分。本研究通过对树节点的编码分析发现，篮球运动项目本身的致趣要素由不确定性、命中、拼抢和声响构成。其中，命中的参考点为 37 个、拼抢为 44 个、声响为 3 个、不确定性为 7 个，命中和拼抢要素是篮球运动项目活动的固有方式；对球权的争夺和拼抢是获得投射目标机会的前提；命中也是篮球运动项目从诞生之日到现在唯一一个可以独立存在的要素。拼抢的目标是球，围绕着球展开时间、空间和时机的拼争，运动者在拼抢中展示实力，每当拼抢到球时都会感受到成功的喜悦，进而更加激起其拼劲和投球得分的欲望。

在访谈学生对篮球运动兴趣的缘由时，学生对球星等的个人崇拜、各类篮球动画片和家庭成员的影响是主要缘由。这些促使学生开始接触并喜欢篮球。即实践行为中存在个体对不同行为的偏好选择，正是不同行为的偏好选择增强了个体的行为动机，提高其情绪体验强度。从榜样的示范，从而进行模仿练习以及自己在运动实践情境中的体验积累，到最后的技能自主行为的动态实际发生——由外到内的情境转化到实践活动的发生，这种情境所传递出的信息线索能够使个体产生行为调节，情境性调节定向和其在该项目活动中的心理感受亦是不容忽视的重要因素。

总之，学生对篮球运动行为发生偏好既有个体内部因素，也有家庭、球星、篮球动画片等社会外部影响；从运动实践行为的发生考察既有同伴压力、实践中体验到篮球运动的快乐进而做出选择，也有外部控制的单一选择。在众多访谈中，个人崇拜和篮球赛事对引领学生步入该项运动项目，并激发其对篮球运动热情起到了很重要的作用。

二、学生对排球运动感兴趣的质性解析

利用 NVivo 8.0 的质性分析过程不再赘述，见表 6-3 学生对排球运动项目兴趣结构中重要子节点的覆盖。访谈资料显示的青少年学生对排球运动兴趣的开放性编码举例详见表 6-4。

表 6-3　青少年学生对排球运动质性材料的编码信息分析

兴趣来源	主题	信息点举例
项目本身的致趣要素	非对抗	安全、不易受伤、运动量小、无冲撞等
	回合	攻防转换、打来打去、你来我往、接起来、打过去等
	声响	击球时的响声

兴趣来源	主题	信息点举例
个体兴趣来源	职业比赛及明星	中国女排五连冠，女排运动员、郎平
	影片	日本影片、连续剧
	特殊元素	球服性感迷人、排球老师个人魅力
心理感受领域	个体欢愉体验	自由、娱乐、快乐等
	集体情感分享	集体配合、情感交流、友谊等
	不良情绪缓解	排解压力、郁闷、烦恼等
	自我价值认同	展示自我，建立自信、积极的人生观等

表6-4 青少年学生对排球运动兴趣解析的开放性编码举例一览表

次类别	参考点	覆盖率	编码举例
项目本身的致趣要素	43	11.21%	"我喜欢排球是因为它与足球相比，运动量适中且安全，受伤系数小。" "我喜欢排球的运动量较小，不喜欢强对抗的运动，没有身体冲撞，适合我。我喜欢打排球是因为排球项目可以用身体的任何部位击球，只要接回去就好，比较自由，可以充分展现各种技巧。" "我觉得排球没有身体对抗，适合女生，在打球过程中可以互相配合。另外，两个人也可以玩排球，也可以与家人一起玩，可以更好地交流和培养感情。此外，排球可以全面锻炼身心。" "我喜欢排球运动特别快的攻防转换，打排球可以全面锻炼身体，打排球需要配合，在配合的过程中增加了我们的感情。运动量方面，老少皆宜。" "我最喜欢排球中的大力发球和扣球，因为可以展示我的力量；最喜欢击球时的响声和扣球落地的声音，这些声音让我很兴奋，有成就感。"

次类别	参考点	覆盖率	编码举例
个体兴趣来源	12	4.73%	"我喜欢排球仅仅因为一次在电视上偶然看见古巴女排比赛,我喜欢她们的球服。古巴女排球服性感迷人,感觉像穿着泳衣在打球,这种连体的款式设计很独特。" "我小时候看过一部关于排球的电影,觉得日本女排的动作超酷。" "对郎平的崇拜是我喜欢排球的原因之一,女排在比赛中的鱼跃救球和场上拼搏的精神感染了我。"
心理感受领域	34	8.92%	"打排球能感受到大家庭的气氛,可以活跃枯燥的大学生活,学习压力大、心情低落时都可以靠打排球得到缓解。在排球场上能感觉到集体的欢乐。我不是因为喜欢排球而选排球课的,而是因为跟平时玩得很好的几个同学一起选的。特别是第一节课,手被打得好痛,开始有点讨厌排球了,但后来我觉得排球有助于锻炼身体,别的项目更不适合我,而且这个项目没有身体对抗,运动量也刚好。另外,我在课后总是和同学们一起打排球渐渐觉得排球很好玩,每次打完心情很好,学习压力也减轻了不少,和同学们的关系也更好了。" "我在打球的过程中体验到了大家一起相互配合的快乐,还有打球时场上所有人的注意力都随着比赛状态而转移。" "在我心情不好的时候,打排球可以发泄不良情绪。打排球是团队项目,可以结交志趣相投的朋友。"

排球项目本身的致趣要素被学生提及的频次最高，其参考点为43 个。相对于篮球项目而言，学生对排球运动的偏好依赖更多的是结合自身条件在一种对比的环境中进行的选择。大部分学生，特别是女生热衷于排球运动的非身体对抗性特点。就运动项目本身所带来的安全、没有剧烈的身体对抗和接触、不易受伤、运动量负荷适中是学生提及频率最高的，其中非对抗性要素的参考点为 21 个。排球活动情境对学生的吸引主要指的是排球的打来打去的回合数。回合数的参考点为 20 个，声响的参考点为 2 个。

除项目本身的致趣要素以外，本研究发现，心理感受领域的频次也很高，参考点为 34 个。该领域主要包括个体欢愉体验（参考点6 个）、集体情感分享（参考点 19 个）、不良情绪缓解（参考点 9个）、自我价值认同（参考点 5 个），特别是集体情感分享在心理领域中占的比重最大。学生在排球活动（比赛情境）下体验到了团队归属感和自豪感，进而在这一过程中也有效地释放了其学习压力、苦闷等不良情绪。

三、学生对足球运动感兴趣的质性解析

学生对足球运动项目兴趣结构中重要子节点的覆盖见表 6-5。访谈资料显示的青少年学生对足球运动兴趣的开放性编码举例详见表 6-6。

表6-5　青少年学生对足球运动质性材料的编码信息分析

兴趣来源	主题	信息点举例
项目本身的致趣要素	不确定性	运气、进攻与防守转换、偶然性、形势变化复杂等
	拼抢推进	拼抢、竞争、奔跑、突破、过人、控制、抢断、拦截、冲撞、对抗、盘带等
	射门	努力踢进、进球等
	视听冲击	绿茵场、绿色场地，冲撞横梁、擦破球网的声音，球迷们震天的喊声等
心理感受领域	个体欢愉体验	兴奋、刺激、快乐、放松、激情等
	集体情感分享	交流、集体战斗、集体氛围等
	不良情绪缓解	释放压力、减少烦恼等
	自我认同及表现	认同、自我、个人价值等
被动参与		个子矮、适合踢足球等

表6-6　青少年学生对足球运动兴趣解析的开放性编码举例一览表

次类别	参考点	覆盖率	编码举例
项目本身的致趣要素	37	87.95%	"喜欢足球是因为我从小接触足球，虽然我的动作不规范，但是我在电视上看见足球比赛就很兴奋，踢足球的兴趣慢慢提升。我喜欢足球中的拼抢、防守对手时的抢断，或直接破坏对手的运球。另外，我也特别喜欢足球比赛中不停地进攻与防守转换，很紧张，很刺激。足球动作不难，只要努力一点每个人都可以上场踢足球。" "足球运动结合了人类各种运动的特点，球员的突然起动，竞跑争球，既像短跑又像是长跑。守门员横扑侧扑，就像跳跃类项目；倒挂金钩、鱼跃冲顶像体操一样；运动员之间的合理冲撞又像是将力与美结合的橄榄球运动。" "我喜欢足球场上大家为了兴趣而努力的场景，一遍遍重复着盘带、射门动作。我们享受着摔倒、爬起、随球奔跑的自由感。"

次类别	参考点	覆盖率	编码举例
项目本身的致趣要素	37	87.95%	"足球运动最像战争,最能体现男人的好斗特性。很多人一起踢球的感觉很好。我喜欢足球运动的易失误、进球难、偶然性大的特点。"
个体心理感受领域	44	93.25%	"我喜欢带球突破对方防守的感觉,这个时候最能体现个人的能力和价值,也喜欢在对方球门前的突破防守射门的感觉,虽然大部分球没进,但也很享受。" "足球可以给人激情。我是后卫,虽说没有前锋那么疯狂,但我每次在拦截对手的进攻时,心中只有一个信念,即只要我拦截成功,就相当于自己的一次射门。我喜欢在足球运动中和他人相互配合。每当场下队友夸我'多亏你的拦截成功',我就很骄傲,很享受这种感觉。" "我喜欢足球中的射门,特别是自己进球的一刹那,觉得这个世界都是我主导的。另外,通过踢足球我认识了好多朋友,我们可以一起分享踢足球的快乐。" "在我心情郁闷的时候踢足球可以给我减压。" "足球是全身运动,特别是你推我挤后的快感,足球比赛也让观看者惊心动魄,十分刺激。我在足球课上想学华丽的过人技巧和精准的传球技巧。"
被动参与		5.74%	"我喜欢足球是因为我个子矮,篮球、排球项目需要个子较高的人来参与。" "足球对身高、体重要求不大。"

　　足球运动项目本身的致趣要素被学生提到的频次最高,其参考点为70个。其次是学生的心理感受领域,参考点为54个。在项目

本身的致趣要素中，不确定性要素的参考点为 20 个，拼抢推进要素的参考点为 43 个，射门要素的参考点为 17 个，视听冲击的参考点为 9 个。从学生对足球运动偏好行为的发生看，足球本身的对抗、对球的获得与支配及射门情境是学生产生足球偏好的主要情境。另外，还有空旷运动场地、绿色、带球奔跑等情境也是学生喜好足球的致趣点。从学生心理感受领域分析，个体欢愉体验和集体情感分享占的比重最高，其参考点分别为 24 和 22 个。从学生参与过程中所体验的群体感受来看，群体参与所创造的情境感受更为深刻。

第二节　三大球运动实践参与和偏好行为发生的路径转化与情境依赖

　　笔者在反复阅读学生的体验文本后发觉整个文本资料均贯穿以下逻辑线索，即学生与三大球偏好行为发生关联的机制；学生喜欢或欣赏三大球的要素；前意向、欣赏到实践体验后的喜欢转变的动态模型；学生在实践参与三大球运动中的感受以及对有效教学的认知解读。

一、观看、喜欢、欣赏与运动实践行为体验的关系

　　观看、喜欢与运动参与之间的关系比较复杂，"喜欢"不能简单地等同于运动实践参与。一般存在有观看或喜欢导致运动实践行为的直接发生、间接发生，以及运动实践行为体验反向导致有意识的欣赏或观看。

（一）观看或欣赏球赛后没有立刻导致学生运动实践行为的发生

在篮球、排球、足球运动实践中，学生都谈到兴趣的示范效应。观看球赛对运动参与行为有所影响，特别是篮球运动项目涉及频次很高，参考点为50个。但是从时间节点分析，它与运动实践行为则没有相关性。篮球访谈中涉及美国男子职业篮球联赛（NBA）以及球星影响下参与喜欢篮球活动的学生很多。比如：

刘＊：小学时，老爸爱看篮球赛，在他的影响下，我也开始观看，一直到了初中，才开始练习打篮球。

冯＊：记得我从小学五年级开始看NBA，一直到初二才开始在篮球场上尝试打篮球。

钱＊桁：我在小学不喜欢篮球是因为不懂如何打，且臂力不够，不能很好地进行这个运动。后来在动画片《灌篮高手》的影响下，开始懂得篮球的规则和技巧，慢慢地喜欢上篮球。但是直到中学才开始打篮球。

甚至有学生提到只看球不打球的情况。

李＊：我在高中只看比赛不打篮球。

黄＊：我很喜欢看NBA，很崇拜科比、詹姆斯等球星，但我所谓的看球仅仅停留在凑热闹的层面，对很多技巧、配合、规则等知识还不了解，自己的篮球水平也很低。

排球与足球方面也有类似的论述：

佳＊（女）：我最早喜欢排球是因为中国女排获得了五连冠，但那时也只是喜欢，没有实践。

高＊：我喜欢排球源于小时候对中国女排的崇拜，后来在打球的过程中体验到了大家相互配合的快乐。排球场上，所有人的注意力都随着比赛状态而转移。

张＊：我从小在电视上看中国女排的比赛，后来在高中和大学接触了各种球类运动，最后发现还是最喜欢排球。刚开始学排球的步法、垫球、传球和发球，我不喜欢这种练习，还是喜欢上场地打球的开心、刺激时刻。

闫＊（女）：我在小时候看了一部女排的电视剧——《排球女将》，才开始慢慢喜欢排球。当时令我感动的是她们为排球梦而奋斗，坚持不懈，最后克服各种困难，走向了成功。打排球除了锻炼身体外，还可以释放压力，调节情绪。另外，打排球可以增进同伴之间的友谊。

李＊：我从小就看国家队女排的比赛，看得热血沸腾，但只是喜欢没有实践。直到大学才开始实践，大学的排球课看似简单，但是做起来很难，我的手都打红、打肿了。排球可以全面锻炼身体，促进团队合作。

冯＊：足球的魅力不是看而是要亲身体验。

胡＊：我在看球赛后慢慢关注并喜欢足球，而真正的上场实践是通过一次偶然机会和同学们乱哄哄地踢足球比赛。

裴＊：小时候经常观看足球比赛，后来慢慢地开始踢球。

与足球和排球相比而言，三大球运动中的篮球球赛、动画片、球星等示范作用对学生参与运动行为的影响更大。但是依据学生们的叙事可以得知，喜欢不等于运动实践行为体验，二者还存在一定的距离和不确定性。

（二）观看或欣赏球赛后马上有运动实践行为的发生

与观看后没有立刻导致运动实践行为相反，笔者在对学生的访谈中发现，有些学生在观看球赛后会出现模仿球星等运动实践行为的发生。在访谈中发现：

沈＊奇：我喜欢看乔丹的纪录片，每次看完就兴奋，抱着篮球就去打。

阎＊林：我一开始接触篮球是从动画片《灌篮高手》，当时学校也流行打篮球，我就马上加入他们开始玩篮球。

叶＊：我喜欢麦迪所以便开始了打篮球。

足球和排球方面也有类似的论述：

胡＊：我在看球赛后有了尝试踢足球的冲动，并和伙伴们一起实践。

李＊：我自从 2006 年看世界杯后就开始踢足球。

宗＊（女）：我以前没有接触过排球，所以并不喜欢排球。大一下学期看见我们班好多同学打排球，看见她们很开心的样子，我就加入她们一起打。

巴＊：我喜欢排球是因为观看高年级学生打排球比赛后觉得好玩，于是我就开始和伙伴们尝试打排球。

总之，就观看、喜欢、欣赏与运动实践行为体验的关系而言，更多的学生，是先观看比赛，在产生兴趣后去参与运动实践，而在有了运动实践体验后通常会选择观看与欣赏更多比赛。

二、运动参与和运动兴趣建立的复杂关系

在运动实践中存在着运动参与导致运动兴趣诞生和运动参与不导致运动兴趣诞生这样两类关系。

(一) 偶然实践到即刻喜欢

笔者在学生对三大球运动项目偏好历程中发现，存在大量的体验运动项目导致即刻运动兴趣诞生的现象。

王*：在小学二年级一次课外活动中，我在玩篮球的过程中，无意中投中了第一球，从此便爱上了篮球这个项目。

张*锋：自从我小学六年级的一次玩罚篮砸人的游戏以后，我便痴迷于篮球活动。

郭*渝：在小学上体育课时我无意中踢了一次球，感觉用脚进行的运动有意思，特别是在激烈的竞争下进球的一瞬间感觉很棒。

张*：我从小接触最早的体育运动就是足球，小时候我的体质不好，经常生病，父母亲就让我玩足球，后来慢慢地喜欢了，不在乎自己踢得怎么样，内心喜欢就好。

丹**珠（女）：小学时学校就组织过排球比赛，由于我个子高被老师选到了校队。后来在一起训练的过程中逐渐觉得有趣。我喜欢安全的运动项目，排球比较适合我的性格和身高、体能，打排球让我很有自信。

从上述的参考点中可知，在三大球运动偏好的行为发生中，学生某次的偶然实践体验就会导致即刻兴趣诞生。笔者在对这些关键

事件的进一步挖掘中发现，偶然实践到即刻喜欢一定与学生体会到运动项目自身的致趣要素密不可分。其具体表现为"没有刻意的投中第一球""拼命地跑、投、抢"等均体现了篮球运动项目的命中与拼抢争分的本质属性。

（二）偶然实践到即刻喜欢历经跨度时间长

当然，在三大球运动实践中也存在学生运动参与没有即刻导致运动兴趣诞生的现象。

田＊：我从初一开始接触篮球，最早是投篮、三步上篮，后来到运球，这些简单枯燥的练习并没有使我喜欢篮球。一次班级篮球赛，我在球场上拼命地奔跑和抢球，平时所学的技术根本用不上。比赛带给我的是另外一种独特的感受，正是因为这种独特的感受我才真正地喜欢上了篮球。

李＊：这学期选排球课是我第一次接触排球，开始我什么也不会，动作也做不好，上了几次课觉得失去了选课以前对排球的热爱。但后来我坚持练习，特别是在球场打了几次比赛后，觉得又慢慢地开始喜欢上排球了，在玩的过程中越打越好，现在喜欢排球的程度远大于选课前。

石＊凯：我在小时候经常追着一个圆乎乎的足球疯跑。到了初中，大部分男生玩篮球，于是我也开始打篮球。后来进入大学，经常和同学一起踢球，在比赛的过程中我发觉自己还是更喜欢足球，于是放弃了篮球。

从首次运动参与与运动兴趣建立的关系来看，带有浓厚运动项目特征的要素首次暴露给学生的机会越大，以及运动项目要求和个人匹配程度越高，导致运动兴趣诞生的可能性越高。

三、三大球实践行为偏好单一外部控制模式

前面分析了青少年学生对三大球运动偏好行为发生的路径依赖及其情境渊源。就青少年个体而言，其参与三大球的主观意愿和行为究竟是真正自由的还是被决定的？一些异质性的群体似乎给出了二者兼有的答案。就选课动机和行为相冲，进而凸显外部控制的典型案例：

如果一项运动考核比较难，或者说很多人对自己的分数不满意，那么他就有可能在下次选课的时候放弃这个课程，但如果考核过于简单，也难达到教学的目的。所以我建议，合理地设置考试标准是很重要的，考试既要能体现教学任务，也要能使大部分人接受，让同学们积极地学习。记得大一的时候我选了一位乒乓球老师的课，同学们学得都很辛苦，但是最后分数都特别低，第二年我们都没有选乒乓球课，更不敢选这位老师的课。

显然，这个案例是基于外部控制分数情境下的一种比较择优行为。

下一个案例则表明选课完全靠运气，是一种毫无自主性和充满不确定性的强外部控制行为：

大学时选体育课是机会与运气并存的，因为所有要修体育课的人都需要在同一时间段内登录体育部网站选课，每一个可选的体育项目都开设好几个时间段的课，每节体育课的选课容量都是有限制

的，大家根据自己的时间在不与其他文化课课程冲突的时段选择自己喜欢的体育项目。每次体育选课主要分两轮，也就是说有两次选课机会。第一轮是可以超过选课容量选课的，选课不分先后，系统会在一轮选课完之后随机筛选出符合选课容量的人数，其余人就需要在第二轮再去选那些选课人数不足的课程。每到选课那几天，由于选课人数太多，体育部网站很难登录，好不容易进入了网站就发现好多热门的课一下子被选满了，不过大家还是坚持选自己喜欢的课程，尽管有时那门课已经超出选课容量好几倍，最后到底能不能选上自己喜欢的课程完全靠运气。

另外，在三大球的参与过程中也出现了诸多现实逼迫、外部限制的单一性被动选择。体现被动式参与的主要参考点：

被老师选去参加这次比赛，那是我第一次接触篮球。每天中午，我都顶着炎炎烈日在球场上练习投篮和运球。（参考点：2；覆盖率：0.01%）；由于个子突然长高，班级运动会班主任会特意派我去打篮球，我与篮球的缘分就此被动地结下了（参考点：5；覆盖率：0.01%）；爸爸对我的身体十分担心，毕竟身体第一，所以他决定教我打篮球（参考点：6；覆盖率：0.01%）；被他逼着陪他看球赛，逼着和他一起开始踢足球（参考点：7；覆盖率：0.01%）；偶然一节体育课，只是凑人数的我被拉去打篮球（参考点：10；覆盖率：0.01%）；是同学的盛情难却，最终我开始了人生的第一场篮球赛（参考点：13；覆盖率：0.01%）；最初打排球只是出于喜欢其他人为我加油助威（参考点：3；覆盖率：0.01%）。

由于中考、高考的学业压力或体育设施场地而制约三大球参与的典型参考点和案例：

因为临近中考，除了体育课，其他打球的时间并不多。（参考点：8；覆盖率：0.01%）；学业要求紧，基本上不怎么打篮球，特别到了高三基本上就与篮球"绝缘"了（参考点：9；覆盖率：0.01%）；初中因为学习压力大，而且同学之中很少有人打球，我也很少打球（参考点：11；覆盖率：0.01%）；忙于学习，几乎不再摸篮球（参考点：14；覆盖率：0.01%）；因为我家在农村，没有篮球场，也基本上没有人打篮球，所以我便开始了足球"生涯"，一直到四年级，我都是踢足球（参考点：16；覆盖率：0.02%）；学校的体育课中只有篮球课（参考点：1；覆盖率：0.06%）；因为中学的篮球场拆了，我不得不打乒乓球（参考点：2；覆盖率：0.11%）。除此之外，笔者依据学生对偏好行为的叙事研究发现，存在三大球实践行为偏好的单一外部控制模式。

陈＊明：我在小学二三年级时第一次玩篮球。当时只有篮球课，我别无选择，只能玩篮球。于是就"一条路走到黑"了。一开始打篮球什么也不懂，就是抱着球往筐里扔，也只是在体育课上玩，几乎都是男生在篮筐下挤，但我很享受这种热闹。五年级时就开始疯狂地打篮球，一直到大学。

臧＊：喜欢足球或许是从小养成的习惯，因为小的时候什么都没有，唯一能玩的就是足球，我没事就踢球，现在足球已成为我生活的一部分了。

格＊＊吉（女）：中学时期我很少积极参加体育运动，主要是觉得适合女生的运动项目很少。到了大学我就有机会学排球了，觉得这项运动比较适合女生身心发展。

从上述学生的描述中可见，三大球运动实践偏好行为的发生与学生的运动项目接触机会及其社会外部控制密不可分。也就是说，行为偏好的发生既有个体因素也有群体和社会因素的控制。喜好固然与个人因素有关，但是不能忽视社会因素对学生运动项目偏好的选择。正是社会、学校组织抑制了学生对运动项目选择的控制权与决定权，甚至在一定程度上学生无法自主选择（家庭和社会影响）。正是社会、学校组织对学生所造成的单一认同，以及过多的外部控制（不喜欢体育或只提供单一的体育项目）造成了学生无法发展自身喜爱的体育项目。

第三节 学生实践体验取向的解析

无论是欣赏比赛，还是观看球星比赛或《排球女将》《灌篮高手》等故事片均是外在的影响，而要想转换为学生自己的感受和体验，就必须让他们亲自参与到三大球运动实践中。学生们也说"足球的魅力不是看的而是要亲身体验的""大部分学生本身很喜欢这项运动，才会喜欢上一个球星""有的人喜欢看球，却从不打球"。为此也凸显了从学生亲自体验角度阐述三大球项目发生学致趣要素、心理情感维度以及有效教学情境的必要性和重要性。

一、学生实践体验取向的项目发生学致趣要素

在篮球方面，学生论述了自己体验到项目发生学致趣的要素有三大指标：投篮、围绕球权争夺的系列行为、对完整的比赛情境偏

好。学生表述了围绕篮球的致趣要素，具体由命中（罚篮、命中、进球、突破、刷网、配合、团体、得分等）、拼抢、声响以及不确定性要素（翻盘、奇迹、绝杀等）构成。

排球方面的项目致趣要素就是围绕流畅回合的非对抗性活动。学生对该项目的表述关键词：负荷适中、安全、不易受伤、运动量小、身体任何部位可以接球（击球）、攻防转换快、击球声音、打来打去、球不落地。

足球方面的项目致趣要素主要围绕球权的拼抢以及射门。学生的表述：拼抢、防守、不确定性、运气、进攻与防守转换、竞争性、奔跑、突破、射门、过人、比赛、声音、挥洒激情、控制球、抢断球、拦截、冲撞、不可预知性、紧张感、失误、有难度、形势变化复杂、对抗、盘带、随球奔跑、氛围、绿色、连续性、运气。

其实，除了三大球之间的个性区别以外，它们之间也存在共性。特别是在球趣和集体情感分享方面。前者主要是那些导致不确定性的小概率现象或事件。比如，篮球在球篮滚了几圈后进或不进，足球射门打中门柱进门与否，以及排球发球触网后掉入对方场地与否等，这些都会导致三大球项目本身的不确定性，进而引发学生们的好奇心。另外，三大球是集体项目，会出现个体项目不具备的团体情境和氛围，学生对此的表述就有类似"战争""男人""兄弟""家庭"等感受。

二、三大球运动项目蕴含的群体情感仪式分析

正如戈夫曼所言：不是人及其时机，而是时机及其人。不是个体及其互动，而是互动及其个体；不是个人及其激情，而是激情及其个人。正是事件塑造了它的参与者，机遇制造了其机遇者，尽管可能是瞬间的。该论述阐明了情境的重要性，正是情境塑造了人及人的激情和境遇。三大球运动参与过程中所表现出来的集体兴奋就表明，一旦人们聚在一起，就会出现共有的体验强化过程，也是提高互为主体性的一个条件。在三大球运动中，集体兴奋现象表现得最为明显。比如，学生描述篮球实践活动中的感受为"和熟悉的朋友一起打球，互相调侃，欢乐得不得了""和熟悉的人打球可以增进友谊"等；描述排球实践活动中的感受为"喜欢集体团结的感觉""对方失误我们也很开心。通过球而互动，打得好可以赞扬，打得动作滑稽也可以笑，嘻嘻哈哈，其乐融融"等；"打球的过程中体验到了大家一起相互配合、加油的快乐""打排球需要配合，在配合的过程中增加了我们的感情""喜欢打排球的集体气氛，大家都互相支持，很有归属感"等类似说法。描述足球实践活动中群体兴奋的体验包括"踢足球认识了好多朋友，一起分享足球的快乐"等。"足球运动最像战争，最能体现男人的好斗特性。好多人一起踢球感觉很好"。

学生参与三大球运动实践的集体兴奋凸显的同时，个体在群体中的努力也被群体认同，进而内化，并成倍地放大。

学生在这方面的体会和解读有"个人在团队的每一次努力后的效用都会放大、肯定这种价值认同。或许是自己熟悉的朋友组队和对手集体对抗的缘故吧""足球可以给人激情，很享受这种感觉""我是后卫，虽说没有前锋那么疯狂，但我每次在拦截对手的进攻时，一个信念就是只要我拦截成功就相当于我自己的一次射门""喜欢足球项目中的合作和配合""每当场下队友夸我'多亏你拦截成功'，我就很骄傲，很享受这种感觉"。

互动仪式的组成要素：其一，两人及其以上聚集在同一场所，都能通过身体在场而相互影响；其二，对局外人设定了界限；其三，将注意力集中在共同的对象或活动上，并通过相互传达而彼此知道了关注焦点；其四，人们分享共同的情感体验。

三大球运动实践行为正如仪式一样，人们通过仪式及互动分享、交流情感，进而促使情感能量在传递的时候被放大。这是因为参与者在集体进攻或防守时都共同关注球的状态，存在共有的行动和意识以及共有的争胜情绪倾向。其实，三大球运动本身就是一种仪式行为，正如某同学精辟地描述："喜欢一群人的运动，其他 1 对 1 或 2 对 2 的项目，满足不了一群人的玩乐需要。一群人凑在一起，对抗、说笑、竞争才有意思。"

三、学生实践体验取向的有效教学情境

在学生看来，只有符合在对抗环境下的争夺球权练习或具有投篮机会的练习才是好的篮球课堂教学。从情境角度就是对抗下的情境、争夺球权的情境、比赛的情境，投传运突组合的复杂情境有利于学生最大限度地学习。

排球教学中，学生普遍认为"有效的教"和"好的教"是结合比赛情境的教，围绕着球的练习以能接住、打过去为目标。学生普遍反感那种不拿球的模仿练习，不喜欢那种分解动作过细、过严而在短时间实践中体现不出来效果的练习。

在学生的视域中，足球课堂上好的教学，具有代表性的观点是"足球的魅力在于不能从书本知识中获得技战术，这就是欧洲足球教

练工资高于教授的道理。足球课不能一味地进行不拿球的跑步，一味地颠球，一味地进行没有对抗的练习。多提供一些拿球的、对抗性的和比赛类似的练习""多学实用技战术，教和训练为辅，多踢比赛"。

在课上，教师输入与学生所需存在差距，具体表现为教与学、练、赛的比重关系，以及教什么方面的问题。学生普遍反映想学习足球对抗中的过人或对抗下的射门，以及对抗下如何有效地防住对手。学生更倾向于实践中的应用，倾向于对抗赛或实战的机会。学生的诉求频率最高的为"希望学到盘带过人技术，并多提供对抗赛""足球方面掌握一点基本的实用技能后尽快上场地和同伴一起实战，只有和同伴一起实战才能享受足球运动中真正的快乐"。在有关比赛的问题上，部分学生提出了异议和改进措施，"直接分两组比赛，水平不一，乱踢一通没意思。应该在教授基本实用技术的时候多进行同等水平分组的小组对抗赛"，并提出了"足球课多教一些技战术，然后多实战，在分队比赛中，按人员水平对等进行对抗，不能一刀切"的建议。其他教学意见为"上学期老师没教什么，只学了颠球，最后颠球或许会了，可是没兴趣上场地踢了。"

总之，学生实践体验取向的三大球有效教学情境主要包括结合运动项目特征情境展开，尽可能让学生上手，多做结合球的练习、群体的攻防或对抗练习，在真实的运动项目情境下进行练习。篮球运动项目课堂教学中要充分应用拼抢和命中要素；在排球项目课堂教学中尽可能多地突出回合；足球项目课堂教学中要围绕拼抢、推进和射门展开。除此之外，在三大球运动项目中要注意群体的情感分享，在具体项目中还要注意能力要求与个体匹配原则。

第四节　青少年个人情境的多样性与三大球项目
　　　　情境交互的异质性体验

一、青少年三大球具身参与的体验

　　早在古希腊时期，柏拉图就意味深长地问道：我们之所以爱某物是因为它可爱，还是由于爱它而觉得它可爱？前者预设了情绪生成的外在条件，情绪只是察觉、反映了这些实在；后者认为某物仅仅是情绪自身的投影，人的主体特征致使情绪生成。其实，任何一种情绪的产生都是外界环境刺激、机体生理变化以及个体对外界刺激的认识三者相互作用的结果。以上评价只是主观地评价客体产生情绪的方式，而忽略了情绪的具身性。情境兴趣最主要的特征是居于活动任务本身的结构特征所具有的吸引力，在这样的结构体系下，青少年借助于三大球参与的具身刺激反应情境，会自主和自发地生成强有力的情绪体验。青少年三大球参与的具身体验主要围绕篮球、排球和足球的发生学致趣要素进行，在访谈文本资料中对应的自由节点和编码主要由以下几点构成：足球的围绕球权的拼抢情境、射门行为情境、不确定性情境以及氛围情境；篮球的投中情境、拼抢情境和不确定性情境以及声响刺激情境构成；排球方面的自由节点为球不落地、打来打去、运动量小、适合女士等，聚类为非直接身体对抗性的回合情境。就情绪体验而言，则有正向和负向之分。正向情绪具有代表性的节点和参考点：听见球刷过篮网的声音，心都要化了，那么悦耳，那么美（参考点：22；覆盖率：0.01%）等。而负向情绪方面的节点和参考点：学习篮球最开始的繁杂的理论和需要对球的精细感觉让我觉得没有了动力，于是我就这样放弃了篮球，直到高中我都没有怎么系统地练过篮球（参考点：2；覆盖率：0.01%）等。除此之外，青少年在三大球参与中将比赛球服和自己个性化的技术也视为一种展示自我个性的载体和手段。

二、基于性别差异的情境体验

青少年性别差异影响三大球的参与情境，主要围绕性别偏好与性别失衡而展开。在性别偏好方面，有女生谈道：天气会越来越热，对于女生来说还是选一门室内课程比较好，类似健美操、体育舞蹈、瑜伽等，不用晒大太阳（参考点：6；覆盖率：0.01%）；大家总认为篮球是男孩子的运动，我也曾经这么认为，总觉得弄得浑身脏兮兮的很难受（参考点：8；覆盖率：0.01%）。在三大球参与情境的性别失衡方面，典型的节点和参考点：曾经和两个女同学硬是凑着热闹抢着男生的球瞎投，投不进（参考点：5；覆盖率：0.01%）；篮球和足球是"男人的运动"（参考点：7；覆盖率：0.01%）。其实，从以上自由节点和编码的参考点可以发现，影响青少年参与三大球情境的性别偏好与性别失衡有其互译性和交互性。很难从文本性资料中的"篮球和足球是'男人的运动'"中进行节点裂变，它既可以归为现实中青少年在篮球和足球运动中参与的性别失衡，又可以表征性别参与的偏好。

除了青少年主体性别差异影响三大球参与外，教师的性别也是影响青少年三大球参与的一个中介变量。有女生就谈道："我觉得篮球课应该尽量让女生跟女老师学习，因为女老师更了解我们，也应该按性别固定分组学习。"另外，笔者在原始的文本资料中还发现，在青少年男性参与篮球的活动中有强烈想得到异性认同的倾向。具有代表性的表述有"在异性面前炫耀"。显然，希望通过参与篮球运动进而在异性面前获得认同，在两性中表现出了明显的偏好。

三、基于城乡二元结构的情境体验

本书的研究从原始的文本资料中发现，中国城乡二元结构的固有特征无论从观念还是制度，以及物质、器材方面都是调节青少年三大球参与的重要情境。如一些发达的城市，在中学甚至小学就有三大球的体育场馆和体育选修课的制度。而一些偏远的农村学校里连一些简单的体育设施都难以保障，更别说选修课了。那些表征落后的体育设施进而影响三大球参与的典型案例和节点如下：我是从一个小小村庄出来的女孩，从前只知道一种球类运动，那就是羽毛球（参考点：1；覆盖率：0.01%）；记得当时条件不太好，学校没有专门的排球和足球场地（参考点：2；覆盖率：0.01%）；我们念书的学校连一块像样的篮球场都没有（参考点：3；覆盖率：0.01%）；那时学校的教学条件比较简陋，现在小学生可以享受到的运动设施在当年根本没有，所以我对运动这两个字也是毫无概念（参考点：10；覆盖率：0.01%）等。

第五节 青少年三大球参与中的"越轨"行为
与体育素养的代际阻断

社会学家麦克道威尔认为，人类在集体或制度的层面上建立了理性的功能框架及其相应的角色分明的等级秩序，而每一个人类个体，从一出生起就通过文化、教育的洗礼被纳入某个大传统之中，其所有明显偏离社会规范的行为乃至性格倾向都会受到相应的纠正或规训。

社会学中探究个人与社会活动的情境时特别关注那些在社会结构限制下的"不同寻常"和有违"常识"的异质性个案。对于异质性个案的探讨既是对社会结构主义理论与构建理论，乃至冲突理论的调和，也是对人类实践行为的多样性的一种诠释。这主要与社会控制和个体的能动性之间的复杂关系有关，即人的行为深受一定社会结构和文化的钳制，但同时个体又具有一定的能动性，有打破现有社会结构和文化限制的倾向和行为。与遵从法律的正式社会控制相比，文化习俗"形塑"的观念等非正式控制对人类的影响更为长久和深刻。有控制，就有"越轨"，"越轨"则指违反群体或社会视为标准规范和预期的行为。青少年三大球参与过程中的"越轨"行为和异质性个案主要有性别偏好的"越轨"、个体应试文化的"越轨"、城乡二元结构下体育参与行为的"越轨"。《一个农村女孩与篮球的生活史》集中地阐述了性别偏好、城乡二元结构及社会文化结构下的遵从与"越轨"行为。

"在村子里长大的我，小时候对篮球一点都不熟悉。学校为了防止村子里的辍学青年进来打球，影响学校的纪律，把唯一一块篮球场的篮筐都拆了。后来我考上了城里最好的初中，这成了我篮球生涯的一个转折点，在女生之中运动能力比较强的我，初一就被挑选出来，代表班级参加篮球赛，虽然是第一次触球，我却比其他女生打得好，这让我对篮球更加忠贞不渝了。篮球赛之后，我便开始关注 NBA 了。作为篮球的忠实粉丝，我的体育选课当然也是选篮球。但体育老师也不怎么教女生，就让我们自己玩，不过我这个人自娱自乐精神很好，一直都玩得很开心。下课的时候也会偶尔约女同学打篮球，但是因为玩篮球的女生太少，所以大部分时间是跟男生打。只看男生的篮球赛。"

在这些关键信息中，既有个体好的身体素质："初一入选比赛"，比赛良好的具身体验为后来和男生一起打球的"越轨"行为奠定了基础，但即便如此，也深受"体育课上，老师基本不管女生"，以及"玩篮球的女生太少，约不到人打篮球"的现实钳制不得不在现实条件下选择了"每天只能自己抱着球投篮，或者自己运球来自娱自乐"，或者不得不做出进一步的"与男生一起打球"的"越轨"行为。在具有明显性别参与偏好的三大球运动中，一些女生在"越轨"后还深受性别的刻板印象因而引发明显的身份焦虑、角色矛盾。如某女生的表述："虽然我是女生，但我不看女生篮球赛。这学期跟男老师一起学篮球，他没进行固定分组，每次都是女生在一边玩，感觉脸上只有一个大写的尴尬，我渐渐对体育课都没什么兴趣了，还不如自己玩呢。所以我觉得篮球课应该尽量让女生跟女老师学习，因为女老师更了解我们，也应该固定分组学习，男女放在一起，隔开会让我们很尴尬。"城乡结构中的体育参与文化素养滞后的代际阻断的典型案例为"我来自甘肃省定西市渭源县的一个农村，我和篮球的故事发生在很早以前，当我上小学三年级的时候，我有了人生中的第一个篮球，那是期末考试后母亲给我的奖励。"另外，在原始访谈资料中发现尽管农村的一些学校深受场地等限制，但也有一些极少数的校长或老师组织学生们进行非正规的球类比赛活动。尽管对农村父母亲给自己的小孩买球，以及校长或老师组织球赛的背后动机和机制不得而知，但显然这种异质性个案对促进农村的青少年积极参与三大球活动具有极其重要的路径依赖和借鉴作用。

与性别偏好和城乡二元结构下的青少年三大球参与"越轨"相比，在应试教育文化主导的教育结构控制下的无力遵从、反抗和"越轨"就显得更为普遍。就遵从方面而言，多数学生谈道，中考或高考的那一年几乎没有体育课，老师、家长都强调考试的重要性。与遵从相反的是反抗，那种青春奋斗的力量将我们一群热爱踢球的人紧紧凝聚在一起。周末大家约到一起，不顾家长的反对，一下午都泡在足球场。那么青少年三大球参与影响学习吗？从学生的体验中看出，显然不是传统意义上老师和家长认为的那样。某学生谈道："高中时，学习压力渐渐增大，整日整日地趴在书桌前，一套又一套的练习题实在让我昏昏欲睡。每当我感到压力太大时，看到墙角的那颗篮球，就重燃了热情。抱起篮球，有时叫上两三个同伴，有时独身一人，在球场上将身上的压力全部释放出去，回到书桌前，再拿起笔便有了精神。如果没有篮球，我也许早已被压得喘不过气来了吧。"

社会学中的"越轨"行为与文化习惯相关，符合社会的规范和标准会随时间而变化，那么究竟由谁决定是非对错呢？就促进青少年体育参与行为而言，显然要尊重参与主体的个体体验和呼声，他们认为三大球的具身参与和体验，有助于不良心绪和压力的释放，对学业情绪和学习效益有显著的改善效应。

第六节　三大球参与的象征体系及其社会支持情境

托马斯·克伦普在《数字人类学》中论述了竞技运动由于其基本形式总是脱离日常生活的现实，决定了竞技活动是虚构的特性。乔治·维加雷洛在《体育神话是如何炼成的》中认为，在缺少上帝和精神超越的社会中，体育可以说是体现理想，甚至是神圣的最后一个领域。直观简单的体育运动企图与现实社会分离，保留自己的一片净土。体育运动比其他任何活动都更能反映我们的社会状态。显然，体育具有一定的反社会性，因为它可与社会进行区分和隔离。因此，基于人类存在的终极不确定性特征，体育对人类就是一种精神寄托和关怀，即体育是为人的未来而存在的。在青少年三大球参与的原始资料文本中可以发现大量的象征体系及其社会支持情境。它们主要可以分为对个人的生活迁移，具体有观赏榜样示范效应后的迁移、主体具身体验后积极情绪的迁移，以及二者互构后的正向生活迁移。在调适不良心绪和心态方面的代表性论述有"我会把上篮得分、连续跳投得分带来的成就感带到生活中，做任何事情，我都会自信满满，自然，成功离我不远了""打球的进步给我的学习也带来了些许信心""不管遇到多么难过的事情，只要去球场上打球就可以"等。通过三大球参与进而调节个人不良心绪，进而借助于活力感的激发来将其迁移到学习效益、克服任何困难的信心和决心。

　　除此之外，通过青少年三大球参与可以将其迁移到社会的真实反映、人生轨迹及其信仰体系。在此解释框架下的代表性论述有"不仅仅是一种运动，不仅仅为了娱乐，更是一种信仰；这项团队运动让我知道了一个人是可以扭转乾坤的，也让我知道了团队合作是更有力量的；我学会了付出更多的努力来提升自己的实力，也明白了只要付出一定有回报。我想我已经差不多做到了让篮球活在我的世界里""踢足球甚至可以改变人生轨迹"等。姚明曾在某次公益篮球讲话中谈道：我们希望孩子能在活动中不仅学习到篮球技巧，还可以在这个聚会的平台上通过篮球开阔眼界、广交朋友，变得更加自信。篮球本身不大，但承载的东西很多。篮球承载的东西很多，而更多的则是对个人积极心绪、生活乃至人生信仰的一种积极迁移。相对于足球而言，篮球和排球完全是现代化人为的发明，这些以人工创造的通过特定的形式和得分的自然象征游戏活动，在青少年的参与过程中被赋予了新的象征意义。青少年主体在参与三大球过程中的异质性、高度主动创造性成为创造文化、表达意义的载体，也成为累积项目习得经验、抒发情感、表达意义甚至寄托于超验性的人类精神的一种最重要的表达手段。这是一种用来满足人类思想追求的无止境的自由欲望、精神活动、寄托于信仰体系的象征游戏。从符号学讲，这是一种在超越自然限制的基础上，依据人的愿望和自由目标而创造的人工符号游戏。

第七章　三大球课堂情境兴趣优化实践

第一节　三大球课堂情境兴趣优化的案例及其实证

一、学生排球课堂情境兴趣的实验案例

某大学传统排球课（用情境①表示），共有大一学生 24 人（其中，女 9 人，男 15 人），使用排球 25 个，其中软排 5 个。

传统排球课内容及其教学流程

1. 教学内容。学习垫球和接球技术。

2. 教学流程：

（1）准备部分。

围绕两个排球场地跑步。

一般性准备活动：做操。

专门性准备活动：手指、手腕的活动以及前后反向绕臂回环

练习。

（2）基本部分。

拦网练习。两人一组分列于网前，高举双手，原地纵跳。

徒手接球练习。全体学生呈横列队形，原地半蹲，做接球练习。

衔接步法徒手练习垫球动作。按教师口令，1为基本姿势，2为做好徒手动作，3为迎前动作，4为复位。

隔网练习。两人一组，相距6米，一抛一垫，垫球过网高度2米左右。

两人一组隔网抛传练习、下手发球练习。两人面对球网相距6米，连续下手发球过网2次后扩大两人距离，逐渐向发球线附近移动。

素质练习：3米移动和爬台阶。

（3）结束部分。

整理活动，点评本次课。

课堂情境兴趣优化后的某大学排球课（用情境②表示），共有大一学生20人（其中，女11人，男9人），排球20个，其中软排5个。

课堂情境兴趣部分优化的内容及其教学流程

1. 教学内容。学习垫球和接球技术。

2. 教学流程：

（1）准备部分。

围绕两个排球场地跑步。

一般性准备活动：做操。

专门性准备活动：手指、手腕的活动以及前后反向绕臂回环练习。

（2）基本部分。

拦网练习。两人一组分列于网前，高举双手，原地纵跳。

徒手接球练习。全体学生呈横列队形，原地半蹲，做接球练习。

衔接步法徒手练习垫球动作。按教师口令，1 为基本姿势，2 为做好徒手动作，3 为迎前动作，4 为复位。

隔网练习。两人一组，相距 6 米，一抛一垫，垫球过网高度 2 米左右。

网前半实战化抛垫练习。教师站于网前，学生分成两组，一组面对球网相距 5 米，教师抛，学生面对教师垫球，球不能过网，自己垫球、自己捡球；另一组学生在教师身后供球，然后两组学生交替。要求垫球的学生把垫球后球的落点尽可能地控制在以教师为中心的区域。

两人一组隔网抛传练习、下手发球练习。两人面对球网相距 6 米，连续下手发球过网 2 次后扩大两人距离，逐渐向发球线附近移动。

素质练习：3 米移动和爬台阶。

（3）结束部分。

整理活动，点评本次课。

通过问卷调查和现场观察发现，学生认为该节课最有意思的训练活动依次为网前半实战化抛垫练习、抛垫练习、一抛一垫、发球。而学生认为最没有意思的活动依次为跑步、摸线练习等徒手练习和反复的独自无互动练习、独自垫球。这表明学生对排球实战的诉求，赞同网前半实战化抛垫练习，反对徒手练习和机械单一的自抛自传练习。另外，在器材软式化方面，由于女生人数多，软排较少，在教学过程中发现了女生对软排的明显偏好选择行为。

在笔者观摩的情境①中，除了没有网前半实战化抛垫练习以外，其他的内容与情境②教学内容相同。调查显示，情境①的学生反对徒手练习和机械单一的自抛自传练习，即使优化后的排球课堂——情境②的学生也有对实战的诉求。在课堂的教学过程中的现场观察表明，在器材软式化方面，无论是情境①，还是情境②，均出现了明显的女生对软排的偏好选择行为。

用体育情境兴趣量表测试学生的排球课堂情境兴趣得分情况，结果见表7-1。

表7-1　案例一中各情境下课堂情境兴趣值统计

情境	总体情境兴趣		愉悦感		新颖性		挑战性		注意力		探索性	
	M	SD	M	SD	M	SD	M	SD	M	SD	M	SD
情境①	15.16	0.24	14.79	0.26	12.67	0.68	11.48	0.49	14.14	0.20	14.42	0.29
情境②	17.30	0.35	15.45	0.55	13.48	0.15	13.04	0.29	14.89	0.50	15.16	0.22

在排球课堂的两种情境对比中可以发现，情境②在总体情境兴趣及愉悦感、新颖性、挑战性、注意力、探索性维度方面均优于情境①。除了情境②增加了网前半实战化的抛垫练习以外，两种课堂教学内容一样。也就是说，在这两种情境对比中，网前半实战化抛垫训练是总体情境兴趣和它的各个维度所测分数产生差别的直接原因。另外，在排球课堂情境兴趣维度分数的差幅中，也可以发现在探索性维度方面情境②增幅较小，这也说明探索性维度在优化排球课堂有效教学、激发学生兴趣方面影响较小。

二、篮球抢、打、断球技术的课堂实验案例

（一）某大学传统课堂教学案例

某大学传统篮球课（用情境①表示），大二学生 43 人，均为男性。

传统课的内容及其教学流程

1. 教学内容。学习抢、打、断球技术；复习原地单手肩上投篮技术。

2. 教学流程：

（1）准备部分。

慢跑热身和原地徒手操。

（2）基本部分。

四角传球练习；学习抢、打、断球技术；概念介绍。

抢球技术。拉抢和转抢技术。拉抢：防守队员看准对方持球空

隙部位，迅速用手抓住球向后猛拉。转抢：防守队员抓住球的同时，迅速利用手臂后拉，同时两手转动，将球抢出。

打球技术。由上而下打球：当持球队员持球稍低时，防守队员掌心向下用手指和指根垂直击球上部。由下而上打球：当持球队员持球稍高时，防守队员掌心向上用手指和指根垂直击球下部。

断球技术。横断球：在准备动作的基础上，当球由传球队员传出的刹那，单脚或双脚蹬地跃出，伸展身体及两臂将球截获，若距离较远可助跑起跳断球。纵断球：断球队员从持球队员身后或侧后跃出断球。

抢、打、断球组织及其练习方法。讲解示范和纠错。学生练习方法：两人一组相距 1.5 米，一人持球，另一人按要领抢球练习，后听教师口令交换角色。

复习原地单手肩上投篮。组织形式：集合，徒手练习原地单手肩上投篮动作，后将学生分成 4 组，每组在罚球线后排列，依次罚球，每人罚球一次，自投自抢后重新排队。教师个别纠错；组织学生半场对抗活动。

（3）结束部分。

整理活动，点评本节课。

（二）某大学课堂情境兴趣优化后的课堂教学案例

课堂情境优化后的篮球课（用情境②表示），大二学生 45 人，均为男性。

部分课堂情境兴趣优化后的内容及其教学流程

1. 教学内容。学习抢、打、断球技术；复习原地单手肩上投篮技术。

2. 教学流程：

（1）准备部分。

慢跑热身和原地徒手操。

（2）基本部分。

不同于传统的讲解、示范、练习，而是教师采用任务驱动创设抢、打、断球的真实情境。

教师在学生热身准备活动以后，直接分成5对5的小组，在半场内展开防守对抗下的5对5的传球次数比赛。传球出界或被对方抢断，交换防守进行。胜负以双方传球次数多少为准，获胜小组或失败小组之间再次进行传球次数比赛。在最终获胜队诞生之后，利用学生休息间歇集合学生，对学生在传球次数比赛过程中学生自主生成的、典型的各种抢、打、横断、纵断球技术进行情境再现和说明。在情境②的练习中，主要采用在真实抢断球情境中进行先体验后简要讲解的方法。情境②练习设置的目标是为学生提供自主生成抢、打、断球的真实团体对抗情境。

复习原地单手肩上投篮练习。组织形式：简要介绍原地单手肩上投篮要点（屈膝蹬地，屈臂、伸直、压腕）后将学生分成4组，每组在罚球线后排列，依次罚球，每人罚球一次，若某学生投中，后面学生供球，直到不中为止。此后，教师有意挑出命中率极低的同学，集中讲解、纠错。组织学生半场对抗活动。

（3）结束部分。

整理活动，点评本节课。

情境②的教学同情境①相比，教师首先采用真实情境的任务驱动创设抢、打、断球的情境，让学生先体验后简要讲解，有别于情境①的先讲解、示范，然后学生练习的程序。

情境②对罚球练习也进行了情境优化，与情境①的复习原地单手肩上投篮练习、徒手练习、罚篮练习要求不同的是引进命中激励机制。

情境兴趣主观问卷测试结果显示，这节课最有意思的活动排序依次为自由比赛、对抗下的传球次数比赛、连续罚篮；最没意思的活动是徒手练习。极个别的学生提出了不能随意投篮的问题。

情境①中对学生的调查显示，这节课最有意思的活动是自由比赛；最没意思的活动是徒手练习，四角传球中长时间的无防守、只传球不攻篮，没有对抗的两三人的抢、打、断球练习。

用体育情境兴趣量表测试学生的篮球课堂情境兴趣得分，结果见表7-2。

表7-2　案例二中各情境下课堂情境兴趣值统计

情境	总体情境兴趣		愉悦感		新颖性		挑战性		注意力		探索性	
	M	SD	M	SD	M	SD	M	SD	M	SD	M	SD
情境①	16.39	0.21	16.38	0.32	12.80	0.96	12.90	0.33	15.45	0.44	16.80	0.07
情境②	18.77	0.40	16.82	0.48	15.10	0.53	13.66	0.15	16.15	0.28	15.75	0.46

从表7-2中可知，学生在情境②中的总体情境兴趣分数比在情境①中的所测分数结果高。学生们在这两种情境中有关愉悦度体验方面的差异不是很明显，主要归因于情境②中学生自由比赛活动的时间总量小于情境①，也就是说学生自由比赛中，所体验到的愉悦度抵消了一部分情境②中上课练习内容本身所带来的愉悦度，致使愉悦度总体感觉差别不明显。新颖性、挑战性、注意力方面所测分数均显示情境②优于传统教学中的情境①。在探索性方面结论相反，情境①优于情境②，因为探索性这个维度本身偏向于思维认知方面，至少在篮球活动情境中影响不大。

三、足球课堂情境兴趣的教学案例

笔者随机观摩某高校两堂足球课（分别用情境①和②来表示），因教学任务需要，随堂进行1000米练习和测试。

情境①的教学内容和教学流程如下：

课堂内容及其流程

1. 教学内容。学习无球技术和传切技术。

2. 教学流程：

（1）准备部分。

徒手操热身；10人一组，原地放松高抬腿后，50米加速跑；原地放松高抬腿接背转身跑50米。

（2）基本部分。

两人对传练习；四人一组小圈三打一，要求每人最多触球两脚，俗称"逗猴"；绕桩射门测试练习；体能测试1000米；对抗

比赛。

（3）结束部分。

整理放松活动，点评本节课。

在问卷调查中得知，学生觉得本次课最没意思的活动（1000 米除外）依次是徒手准备活动和两人传接球练习，而最有意思的练习是"逗猴"练习和绕杆射门。同时，调查中得知大二学生对足球课中的对抗赛表现出了极高的诉求。

情境②的教学内容和教学流程如下：

教学内容及其流程

1. 教学内容。学习颠球和传接球技术。

2. 教学流程：

（1）准备部分。

围绕足球场慢跑两圈，徒手操热身。

（2）基本部分。

教师讲解、示范双脚脚背正面交替颠球；学生原地练习颠球。学生两人一组做原地、移动中的对传练习；抢圈练习，四人一组小圈三打一；1000 米体质测试；学生对抗比赛活动。

（3）结束部分。

整理放松活动，点评本节课。

在问卷调查中得知，学生觉得本次课最没意思的活动（1000 米除外）依次是徒手准备活动、颠球和原地两人传接球练习，而最有意思的练习是三人抢圈练习和自由对抗比赛。

值得注意的是，本次课发现有三位女生选了足球课，因此对三位女生进行访谈。

常 ＊ 婷：父亲非常喜欢足球，时常带我去踢，培养了我对足球的兴趣，我觉得足球是全身都可得到舒展、让人兴奋的活动。

张 ＊ 妮：喜欢看球赛，高中的时候和班里女生组球队，大学就选了足球。喜欢足球的技术特征，特别是过人的感觉，还有在球场上和同学配合传球，以及奔跑的感觉。

何 ＊：比较喜欢跑步，足球运动跑着好玩，运动过程中有一种刺激感。

可是在整节课中，三位女生在参与基本准备活动、颠球练习、1000 米测试后基本就是对着墙踢球，而没有参与自由对抗活动。

在访谈中部分男生对足球对抗比赛提出了看法，实战演练因为技术没过关，即使比赛也不主张自由分队，而是强调同等实力的对抗，另外，认为比赛后要进行点评。

用体育情境兴趣量表测试学生的足球课堂情境兴趣得分，结果见表7-3。

表7-3 案例三中各情境下课堂情境兴趣值统计

情境	总体情境兴趣		愉悦感		新颖性		挑战性		注意力		探索性	
	M	SD	M	SD	M	SD	M	SD	M	SD	M	SD
情境①	17.39	0.11	17.13	0.25	13.02	1.05	14.46	0.42	15.70	0.35	16.41	0.27

续表

情境	总体情境兴趣		愉悦感		新颖性		挑战性		注意力		探索性	
	M	SD	M	SD	M	SD	M	SD	M	SD	M	SD
情境②	16.14	0.22	14.71	0.42	12.81	0.63	15.00	0.43	14.74	0.12	15.39	0.48

　　情境①和情境②是基于解释主义和自然课堂情境对两节课堂情境兴趣实践的有效性考察。在方法论上从行动者的视角界定及解释人类的行动，在特定情境中揭示常识理性。主张阐释循环（全面性解释与局部探讨之间持续的辩证循环），通过主体间性达到视域的融合。解释主义认为自然需要说明，而人需要理解，社会实践通过行动者的经验与解释已经形成了井然有序的有意义的秩序。理解总是解释性的理解，这是一种交往的认识论，研究者与研究对象互为主体，设身处地、感同身受地产生共情。正是在该理论的引导下，本书的研究随机选取了某大学两节足球课堂案例做调查。在足球课堂自然情境下进行了全程的跟踪与记录，对自然情境课堂的情境兴趣进行了测量，识别和探索大学生足球课堂情境兴趣的高效教学要素。

　　由于没有对足球课进行人为情境优化的设置和对比，二者不具有可比性，但是授课内容本身的情境性与学生总体情境兴趣的高低有直接的关系。在情境①中可以优化的情境是把那些无球技术的练习变为结合球的练习，两人对传练习若加上第三人的对抗和拦截情境，一定会有助于有效教学和学生对课堂情境兴趣的提高。在这两种情境中也有共同的值得肯定的情境，比如练习中类似于比赛情境的四人一组三打一抢圈练习和绕桩射门测试练习。在课堂上还观察到了学生的参与积极性和高涨的练习热情。

第二节　三大球课堂情境兴趣优化的教学案例、实验案例的分析与讨论

一、三大球运动项目教学内容整体要素情境饱和度的课堂情境兴趣优化

在排球实验案例情境②中，创设了半实战化的排球抛垫练习。该练习中要求垫球不过网且球的落点尽可能地控制在以教师为中心的区域。该练习情境与排球的二传组织进攻情境吻合，可以代表排球比赛的局部真实情境，在对学生课堂教学内容喜欢程度的调查中排第一。

在篮球实验案例情境②中，设置了最能代表篮球运动项目的拼抢环境下的抢球、打球、断球的情境。在拼抢环境下，以同伴传球次数多少为任务驱动，情境②的练习为学生提供了一个自主生成抢、打、断球的真实团体对抗情境。在该情境下，在一段相对持续的时间内有效地发展和整合了各种抢球、打球、断球的时机和技术应用能力。情境②中对罚篮命中与否的激励机制的引入，激发了学生的争胜情结，调动他们的积极性，提高了参与度，最大限度地激发命中的潜力。

在随堂观摩两节足球课的案例中可以发现，学生都对四人一组

小圈三打一的练习表现出了较高的兴趣和参与的积极性。该练习情境吻合了足球运动项目起源时被赋予的"围绕球权的拼抢情境"。

总之，学生普遍反感不带球的徒手练习或那些不能提供运动项目真实、复杂环境的支离破碎的练习动作。在问卷调查和走访中也发现，所有的学生都有对实战比赛偏好的诉求。三大球自由比赛的情境为学生之间的互动提供了一个平台和场景，在相对持续的时间内发展了三大球运动项目所需的体能、技能和集体协商与合作的能力。在具有相对挑战性的、复杂性的、不确定性的任务环境下，给学生指明了学习的努力方向。在运动项目整体要素相对饱和的情境中，为了完成挑战性任务，学生不由自主地卷入、浸入和构建，或识别要解决的一些子问题或子目标。

二、缄默知识视角下对课堂情境兴趣优化教学案例的解释

像骑自行车等这样外显的身体行为，无法用文字将其典型特征显性化，这些不可言明、不可解释，却在一定的情境中能更好地发挥作用的知识就是缄默知识，它是人们通过身体的感官或理性的直觉而获得的。

缄默知识只可意会，不可言表，不能通过理性过程加以批判和反思，也不能借用概念，做出许多的预设。缄默知识的最主要特征就是情境性，它是行动指向的，镶嵌在实践活动中，其获得总是与特定情境联系在一起的。关于缄默知识的传播途径问题，现在普遍认可波兰尼的表述，"一种难以说出其细节的技艺，只能通过实例由师傅传递给徒弟。"也就是说，其传播只能是在亲身接触的前提下发生，这里的实例就是有效的真实情境。

专业实践者在独特、不确定而矛盾的实践情境或行动过程中表现出的那种无法言传的能力需要学习者主动感悟才可能获得。它不是以逻辑的方式来决定其实际应用的，而是根据实际情境以多变的形式出现。它只有在行动中，只有在身体感悟中才能被体会到，进而依据情境时机有选择地构建和应用。

传统体育课教学在传统教学论框架下，重认知轻体验，注重概念、逻辑对技战术的确定性、唯一性求解。好多体育课堂教学练习，注重理论方面的灌输，比如原地单手肩上投篮的理论讲解过多，即使在技术突破、战术练习的时候，也只是假设了各种既定的情境。这种把复杂情境简单化处理的方式，使复杂、真实、对抗、易变的活动情境失真，固化了鲜活的、复杂的体育运动情境，对学生的积极参与性要求极低，最终导致学生对练习应付了事。体育运动技能教学采用先体验、后简要说明情境即可，即在真实的运动项目情境、团体对抗情境、能够代表该项目的真实环境中，让学生自主生成各种技战术能力。

三、课堂情境设置难度与个人能力的匹配

课堂情境要合理设计，特别是在安排教学活动时必须考虑学生的胜任力，因为适宜的挑战是内部动机得以产生的一个重要先决条件。在布置课堂任务时必须注意与学生的身体素质和技能匹配，以满足学生能力发展的需要。笔者在对某大学的一次排球普修课堂的观察中发现，在学生的扣球练习中，男女生采用同样的网高，且是排球竞技比赛中的高度，尽管老师垫球很到位，但是一节课中能打过去的女生很少，扣球有力度且在界内的就更少了。也是在同一片

场地，由于没有教学生发球，但又想让学生尽快体会排球运动打来打去的快乐情境，于是教师采用替学生发球，进而局部优化回合的情境，在单位时间内让学生最大限度地体会接过来球并努力打过去的乐趣。正是在这一优化的情境中，学生自主生成了结合球的移动、救球等技术。笔者在对排球课堂教学进行观察时发现，女生站在网前做老师布置的拦网练习时，所有人都没有参与的积极性，因为不管她们如何努力地跳，双手都不可能触及排球网的上沿，更别说拦网了。与设置练习难度过高相反，那些练习难度极低，没有挑战性的练习，也不利于学生练习积极性的提高。比如篮球课学生原地非对抗性的传球练习，不利于抓住学生的注意力，即使学会了传球也不利于形成复杂情境中的技能。为此，在这里必须强调维果斯基提出的最近发展区理论，必须提供那些学生跳一跳可以够得着的练习任务难度。

四、有关情境兴趣维度中的新颖性解释

笔者在结合三大球课堂教学内容测试、分析学生对体育情境兴趣中的新颖性时发现，新颖性可能与运动项目本身无关，也就是说，新颖性在运动项目情境兴趣优化教学方面的信、效度不高。因为课堂问卷调查显示，在准备活动中那些与运动项目本身无关的练习或游戏也能极大地提高学生参与的积极性。那些学生以前没有见过的练习形式或组织形式，可以吸引学生的注意。比如在排球课的教学课堂调查中就发现有学生提出准备活动练习中的两臂反向运动很有趣，很新颖，而该练习动作本身与排球运动的最基本技术环节特征相去甚远。另外在对篮球活动中的四角传球的调查中也发现，那些

以前在篮球课上没有练习过四角传球的同学，对此表现出了较高的关注，觉得练习很有创意。而该练习在非对抗性的表现活动中进行，有时候为了故意加大练习难度，增加了篮球的个数，让人觉得仅仅是为了表现而表现。

结　语

　　青少年三大球参与行为和偏好的路径依赖具有多元、异质和复杂性特征。因此，本书的研究基于青少年在三大球参与过程中的真实体验，从情境的角度去构建、诠释和识别那些制约或促进青少年三大球课堂参与的系列要素和规律，进而为促进青少年三大球课堂参与乃至体育参与偏好提供理论指引和实践策略的依据。

　　研究的主要内容：从历史场域的角度分析三大球在中国的发生、流变、影响和竞技成绩，在此基础上，研究进一步聚焦于青少年三大球参与的困境及其出路。

　　研究基于 NVivo 质性分析软件对青少年三大球参与体验的生活史原始资料创建自由节点、编码和主题聚类编码，最后形成个体情境、项目情境、正向情绪体验、负向情绪体验等 20 余个有意义的主题。研究认为，青少年三大球参与行为和偏好的路径依赖具有多元、异质和复杂性特征。整体而言，青少年三大球参与行为在很大程度上基于三大球个体情境、项目情境以及在二者互动中所凸显和隐喻的社会结构和文化等宏情境。

　　个体情境和项目情境及其二者的互构共同影响了青少年三大球

参与表现，具体而言有以下四点。第一，球趣和团体对抗是三大球运动项目的原生性逻辑和共有情境。在此基础上，拼抢与射门、命中与投抢、回合分别构成了足球、篮球和排球的项目情境。这也将在随后青少年三大球参与的具身体验（主要分为围绕足球、篮球和排球）的发生学致趣要素中得以印证。第二，三大球参与的性别偏好是调节青少年三大球参与的重要情境变量。第三，青少年参与三大球的意愿和行为兼有个体自主决定和外部单一控制性的情境驱动。与经典的"认知学徒模型"正式传授相比，通过"级联"（偶像、父母、哥哥姐姐、高年级学长以及同伴）之间的影响和非正式情境学习对促进青少年三大球的参与具有显著的积极作用。第四，青少年三大球参与中运动欣赏、参与意愿与运动行为发生、良好运动习惯间存在明显的非线性动态转化关系。

　　青少年观看或欣赏三大球球赛与运动实践的行为间兼有强关联、弱关联甚至非相关效应。榜样示范或欣赏球赛引发的暂时情境兴趣还极其不稳定，喜欢某项目并不等于会引发运动参与实践行为，二者存在一些诸如个体差异、具身体验等调节变量。从回溯机制来看，青少年很重视自己对三大球项目的具身体验。在青少年三大球运动偏好行为的关键事件中，偶然实践强化还是弱化后续的参与行为取决于具身体验中三大球项目情境的饱和度，以及与学生个体的匹配程度。

　　基于社会结构与行动是互构和共变的诠释，本书的研究发现，社会文化结构情境是限制或促进青少年三大球参与的调节变量，与此同时，作为主体行动者的积极行为有反向作用，进而调适或改变现有适合文化结构的倾向性和意向性行为。青少年三大球参与过程中的"越轨"行为和异质性个案主要有性别偏好的"越轨"、个体对应试文化的"越轨"、城乡二元结构下体育参与行为的"越轨"。这为青少年三大球参与中的性别偏好、性别失衡、城乡二元结构下的困境提供了体育文化素养贫穷代际阻断的路径依赖。

本书对青少年三大球参与过程中的象征体系进行研究发现,与健康等外显的功能相比,其潜在功能是促进其参与和改变其偏好的主要路径之一。对不同代际的青少年三大球参与或选课的动机依赖而言,那些外显的、理性的体育锻炼有益于健康的路径依赖,远不如非理性的情感和精神寄托更加吸引他们参与。从仪式互动和情感分享的角度来看,青少年在三大球参与行为中通过聚焦于共有的特定行动——一起配合进攻或协同防守,在具身体验的互动中进行情感能量强化、传递和分享。青少年三大球参与过程中凸显的"具身道德"理念、规则意识、团体协作理念、果敢和尊重对手意识为青少年人格培养、体育何以"立德树人",以及"体育课程思政"提供了应有的进路。具身道德表征传达了道德教育秉承的"知行合一""言传身教"与"身体力行"等"体认"性实践行为。因此,具身道德强调德育过程中身体的"在场",这也是体育培养"立德树人"的理论基石。在体育实践中,无论是古希腊的奥运会,还是中国传统文化中的身体、礼教、德治观,都彰显了体育运动不仅是对身体的"善"的活动,也是开展德育的重要载体和形式。"身教"与"德行"内蕴于体育实践活动,这既是体育的出发点,也是它的归宿。

根据青少年三大球参与中的失范与治理体系,三大球体育实践课在学校体育中难以得到保障,这里面既有体育课被文化课挤占的教育失范，也有被广播体操挤占、体育老师"放羊式"教学、男女生区别对待、竞赛体验性不足的体育行业失范。体育术科学科化应试、体育"影子教育"中所蕴含的应试主义背离了素质教育的初衷。在社会失范方面主要表现为传统文化习惯对体育的排斥和偏见。研究还进一步发现，这种被视为体育文化贫穷的习惯存在代际传递。重构情境兴趣的路径应该坚持行业自律、三大球项目为体、情境兴趣优教的原则；顶层设计上要以学生为中心，以求建立青少年体育参与的强大社会文化支持网络。

在微观层面，三大球课堂情境兴趣优化的教学案例支持了三大球课堂情境兴趣理论的有效性。三大球课堂情境兴趣优化教学实践表明，构成体育情境兴趣维度的愉悦感、注意力、挑战性与三大球课堂情境兴趣的相关性很高。而体育情境兴趣维度的探索性偏向于认知方面，新颖性分数的高低也与准备活动的形式和内容相关，不能强有力地解释三大球主体课堂情境兴趣的高低。

当然，本书的研究也有一些需要改进的地方。为了研究的方便，在抽样对象所属的地理位置覆盖面上只涉及了北京、陕西、四川和河北的部分学校。另外，现实中排球选课人数较少，开课率不高导致研究对象（排球课堂）不够饱和。与排球相比，青少年在篮球和足球参与中性别出现了明显的偏好和失衡，部分原因是女生在参与足球运动的原始资料的占有上显得不足，本书中所涉及的学生来自理工科院校，在校男女生人数比本身存在很大的不均衡。

青少年体育参与平等的治理体系是未来亟待进一步研究的课题。随着现代体育运动项目的不断增多，学校里可供学生选择的运动项目也越来越多，青少年三大球参与的空间会进一步受限。因此，课程权利和运动项目的层级关系与内在逻辑是尚待深入研究的问题。

其实，在体育课堂中影响学生兴趣的因素很多且错综复杂，有些要素很容易识别，而有些很难识别，本书的研究只是抓住了运动项目特征和学生偏好的视角，而没有考虑教师的个人魅力和其他要素。

附　录

附录1　体育课堂情境兴趣量表

姓名：＿＿＿＿＿＿　　年级：＿＿＿＿＿＿　　性别：1. 男　　2. 女

	非常赞同	赞同	一般	不太赞同	不赞同
1. 这是一节令人兴奋的体育课					
2. 这是一项看起来复杂的练习、训练内容					
3. 这项练习活动的动作难度高，规则复杂					
4. 我在参与运动中受到了关注					
5. 对我来说，这项活动看上去很有乐趣					
6. 在参与运动的过程中，我自始至终都很专心					
7. 我有兴趣尝试这项练习活动					
8. 我愿意了解更多与这项练习活动相关的内容					
9. 这是一节很独特的体育课					
10. 我想通过分析思考来掌握这项运动的技术					

续表

	非常赞同	赞同	一般	不太赞同	不赞同
11. 这是一项令人感兴趣的练习训练活动					
12. 对我来说，这节课很有吸引力					
13. 我从没参与过这种练习活动					
14. 我很享受这节课的参与过程					
15. 我想尝试这项运动的所有练习训练手段					
16. 这节课的形式让我感到新奇					
17. 这节课令我很有新鲜感					
18. 上课时的各种练习让我保持了高度集中的注意力					
19. 我专心于如何完成这节课的练习活动					
20. 这项练习对运动能力的要求很高					
21. 参与过这节课，我确实感觉很有乐趣					
22. 看到这项练习我就很想参加					
23. 对我来说，完成这些练习有些困难					
24. 我乐意探究进行这项练习的各种细节					
25. 我觉得体育课中的准备活动很有挑战性					
26. 体育课中的准备活动让我保持了高度集中的注意力					
27. 我觉得体育课中的准备活动很有乐趣					

主观题

这节课最有意思的活动是_____

_____

这节课最没有意思的活动是_____

_____

附录 2　三大球运动兴趣的访谈提纲

为了解同学们的体育参与情况，特恳请同学们配合完成以下调研。声明：仅作为学术研究之用，请放心作答。选择你熟悉的一项体育运动（篮球、排球、足球），完成或完善以下流程图。

年龄（　　）性别（　　）所在学校（　　　　　　）

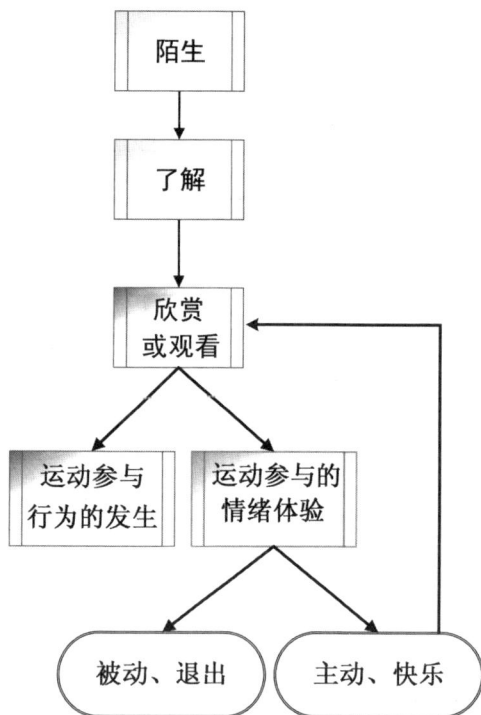

```
        ┌──────────┐
        │   陌生    │
        └──────────┘
              │
              ↓
        ┌──────────┐
        │   了解    │
        └──────────┘
              │
              ↓
        ┌──────────┐
        │  欣赏     │←──────────┐
        │  或观看   │           │
        └──────────┘           │
         ↙        ↘            │
  ┌────────┐  ┌────────┐       │
  │运动参与│  │运动参与的│──────┘
  │行为的发生│ │情绪体验  │
  └────────┘  └────────┘
      ↓              ↓
  ╭────────╮    ╭────────╮
  │被动、退出│    │主动、快乐│
  ╰────────╯    ╰────────╯
```

要求：结合自己的亲身体会，以讲故事的方式尽力完善或说清楚以上流程图的动态转化。

1. 描述一下你最初接触这项运动（篮球、排球、足球）的情形以及它带给你的印象和影响。

2. 你是如何与这项运动（篮球、排球、足球）结缘的，或者说后来怎么喜欢上的？

3. 你究竟为什么喜欢这项运动（篮球、排球、足球），喜欢它的什么？请详细举例。

4. 你是否在小学和中学阶段的体育课上学习过篮球、排球、足球运动中的其中一项？

5. 你理想中的篮球、排球、足球体育课是什么样子的，体育教师怎么教，你才会更喜欢它？谈谈你的建议。

附录3　关于运动项目与情境问题的访谈提纲

同学你好，我是北京体育大学的一名在读博士，我研究的主题是三大球运动项目课堂情境兴趣的优化，现就你对该项目的喜好程度、认识以及对该项目的有效教学进行访谈，研究的目的纯粹是学术研究和提高三大球课堂教学效益，真诚地希望你给予支持，并真实回答。

回顾一下你与该项目产生联系的关键事件和关键情境，从不关注到关注，从关注到参与，参与中是否体验到了愉悦？如果有，请你详细描述一下这种感受的情境依赖；如果没有，你认为哪些要素影响了感受体验？

你是否对该项目产生兴趣，上课的动机是什么？

你究竟喜欢该项目的哪些特征或环境情境？另外，结合你的上课历程，你认为在教学内容和教学环境方面应该如何提高课堂教学质量？

附录4　典型个案：一个女孩的体育心路历程

我的家乡是一个偏远的小县城，在我们那里，人们对体育运动并没有什么概念。我父母很不喜欢打篮球，所以在我上小学以前，并没有接触过篮球。

我们县城的小学教育经费也很有限，虽说是提倡德智体美劳全面发展，但由于学校的体育设施太差，学校并没有给我们开展任何球类运动，对于我们来说，体育课就是广播体操课。

后来上了初中，虽然学校有篮球架，初一的课程也不是那么紧张，但体育课上老师也只是让我们自由活动。这个时候男生们便会拿着一两个篮球到篮球架下练习投篮，估计那时候他们接触篮球不久吧，所以经常看到一群男生轮着玩一个球（估计他们也不懂如何打半场），而我最大的乐趣便是看着他们投球却投不进的样子。家人一直希望我能考上县里最好的高中，所以我在初二和初三的时候，不得不拼命地学习。上体育课时，我都在教室里写作业，再也没有看过男生打球。

2012年，经过中考，我惊险地以超过分数线3分的成绩进入了我们县的第一高级中学。短暂的喜悦过后，我面临的是更艰苦的高中生活。此处我略费点笔墨描写一下我的高中生活。河南省的高考分数线比较高，爸妈又对我抱以很高的期望，由于我高一的时候学习并不是很刻苦，成绩在学校排 1000 多名（当时一年级有 2000 人左右），我妈十分担心我的成绩，看到妈妈那么忧愁，我也下定决心好好学习，不让妈妈担心。于是，从那时起我便早上 6 点到校，午休时间睡 10 分钟，晚上 12 点前没有睡过觉。在学校里，10 分钟的下课时间，我都在做题，如果想上卫生间的话，我便飞奔过去，去卫生间的时间从来不会超过 3 分钟。我早、晚饭在学校里吃，一般被我控制在 10 分钟以内。高三时为了不浪费中午的时间，我就不回家吃饭了，妈妈怕我营养跟不上，便提出要来给我送饭。由于体育课老师的要求不一，有的老师要求不严，我便"翘"掉体育课，在班里做题；有的老师要求学生必须在操场，我便和同学一起在操场上找个地方做题。到高三时我的成绩终于渐渐好了起来，能考到四五百名左右（高三加上复读生有 4000 多人）。

至此，可以看出我高中的运动量非常小，几乎每天都在班里坐着，所以我的身体很差，高二的时候得了胃病，后来常常会耳鸣，有的时候会眩晕一小会儿，但当时也没办法，不得不把时间放在学习上。

2015 年，我跨入西安电子科技大学的大门。在选课的时候，我的内心是迷茫的，篮球、足球、乒乓球、羽毛球、网球，我一个都没有尝试过，更别说擅长某一个球类了。我有两个舍友，都比较喜欢打篮球，其中一位更是从初中开始便学习投球，所以我就迷迷糊糊地跟着她们选篮球了。

第一节篮球课，也是我第一次摸到篮球。不会拿球，不会拍球，不知道正确的姿势，一切都让我觉得别扭。上课的时候，无论是学习单手投球，还是防守滑步，我都学得很慢，学得也不好，所以我总觉得自己很丢脸，每次上体育课心里都会有点抗拒。

第一次打半场是和篮球课上的女生一起，简单地了解发球的规则后，我站在篮球场上不敢动，因为不知道自己要做什么，然后舍友就告诉我打球的技巧，告诉我要在球场上"跑"起来，告诉我被人拦住时可以把球传给队友……

后来，舍友便带着我和男生一起打球，有时候我们班的男生也会告诉我一些投球的技巧。男生少的时候，他们便会照顾我们女生，给我们打辅助。但当男生参加的人数比较多时，他们打球打得便很快，也很猛，我们在抢球的时候也常常受伤，这是我认为的打篮球的缺点。

从大一第一次接触篮球到现在，我的球技并没有提高多少，运球还是运不稳，投球也总是投不进，三步上篮没有一次能投进去的。但是我深深地感受到了篮球带给我的欢乐，和舍友一起打半场很开心，而且也认识了许多爱打篮球的小伙伴，他们来自不同的学院，但都有一颗喜欢篮球的心。篮球带给我欢乐，带给我友谊，还带给我健康。我想，这便是我选择篮球课的原因。

只可惜我现在运球还是运不稳，由于没有力气，传球也传不远，站在罚球线上也不能打到篮板，所以和别人打半场时偶尔还会觉得很丢脸，我的篮球路还很漫长。

参考文献

[1] 郎平, 陆星儿. 激情岁月: 郎平自传 [M]. 上海: 东方出版中心, 1999.

[2] 谷世权. 中国体育史 [M]. 北京: 北京体育大学出版社, 1997.

[3] 宋元明. 阳光总在风雨后: 中国女排的故事 [M]. 北京: 人民出版社, 2018.

[4] 赵瑜. 篮球的秘密 [M]. 北京: 中国青年出版社, 2011.

[5] 刘丹. 球类运动训练理念批判: 篮球、足球、曲棍球、手球冰球运动训练理论探索 [M]. 北京: 北京体育大学出版社, 2006.

[6] 明继农. 换位思考使学生爱上体育课 [N]. 中国体育报, 2011-09-03 (7).

[7] 周登嵩. 学校体育热点50问 [M]. 北京: 高等教育出版社, 2007.

[8] 刘昕. 现代国外教学思想与我国体育教学 [M]. 北京: 教育科学出版社, 2011.

[9] 任海. 发展"三大球", 促进体育体制改革 [J]. 体育科研, 2012, 33 (5): 2.

［10］LEDOUX J E. Cognitive-emotional interactions in the brain ［J］. Cognition and Emotion, 1989, 3 (4): 267-289.

［11］BERGIN D A. Influences on clssroom interest ［J］. Educational Psychology, 1999, 34 (2): 87-89.

［12］SILIVA P J. What is interesting? Exploring the appraisl structural of interest ［J］. Emotion, 2005, 5 (1): 89-102.

［13］HIDI S, RENNINGER K A. The four-phase model of interest Development ［J］. Educational Psychologist, 2006, 41 (2): 111-127.

［14］DOHN N B, MADSEN P T, MALTE H. The situational interest of under-graduate students in zoophysiology ［J］. AJP: Advances in Physiology Education, 2009, 33 (3): 196-201.

［15］HIDI S, ANDERSON V. Situational interest and its impact on reading and expository writing ［M］. Hillsdale, NJ: Lawrence Erlbaum Association, 1992.

［16］ALEXANDER P A, JETTON T L. The role of importance and interest in the processing of text ［J］. Educational Psychology Review, 1996, 8 (1): 89-121.

［17］CHEN A. Student interest in activities in a secondary physical education curriculum: An analysis of student subjectivity ［J］. Research Quarterly for Exercise and Sport, 1996, 67 (4): 424-432.

［18］HIDIS. Interest, reading, and learning: Theoreticaland practical considerations ［J］. Educational Psychology Review, 2001, 13 (3): 191-209.

［19］REEVE J. Motivating others: Nurturing inner motivational resources [M]. Boston: Allyn & Bacon, 1996.

[20] KINTCH W. Learning from text, levels of comprehension, or: Why anyone would read a story anyway [J]. Poetics, 1980, 9 (1-3): 87-98.

[21] HIGGINS E T, CESARIO J, HAGIWARA N, et al. Increasing or decreasing interest in activities: The role of regulatory fit [J]. Journal of Personality and Social Psychology, 2010, 98 (4): 559-572.

[22] DECI E L, VALLERAND R J, PELLETIER L G, et al. Motivation and education: The self-determination perspective [J]. Educational Psychologist, 1991, 26: 325.

[23] 章凯. 兴趣与学习: 一个正在复兴的研究领域 [J]. 宁波大学学报 (教育科学版), 2000, (1): 27-30, 33.

[24] 章凯. 兴趣的自组织目标: 信息理论 [J]. 华东师范大学学报 (教育科学版), 2004, (1): 62-66.

[25] 李洪玉, 徐良森, 张龙梅. 情境兴趣的研究进展 [J]. 心理与行为研究, 2008, (3): 235-240.

[26] 姜晶晶. 小学生英语课堂情境兴趣的结构及其向个人兴趣的转化 [D]. 西安: 陕西师范大学, 2011.

[27] 李荣婧. 兴趣及其在课堂教学中的激发 [D]. 南京: 南京师范大学, 2008.

[28] 徐良森. 阅读情境兴趣的结构及其影响因素研究 [D]. 天津: 天津师范大学, 2008.

[29] BRAY G B, BARRON S. Assessing reading comprehension: The effects of text-Based interest, gender, and ability [J]. Educational

Asessment, 2004, 9 (3): 107-128.

[30] DECI E L. The relation of interest to the motivation of behavior: A self-determination theory perspective [M]. Hillsdale, NJ: Lawrence Erlbaum Association, 1992.

[31] LEHMAN S S. Situational interest: A review of the literature and directions for future research [J]. Educational Psycholog Review, 2001, 13 (1): 23-52.

[32] CHEN A, DARST P W, PANGRAZI R P. What constitutes situational interest? Validating a construct in physical education [J]. Measurement in Physical Education and Exercise Science, 1999, 3 (3): 157-180.

[33] SUN H, CHEN A, ENNIS C, et al. An examination of the multidimensionality of situational interest in elementary school physical education [J]. Research Quarterly for Exercise and Sport, 2008, 79 (1): 62-70.

[34] ZHU X, CHEN A, ENNIS C. Situational interest, cognitive engagement, and achievement in physical education [J]. Contemporary Educational Psychology, 2009, 34 (3): 221-229.

[35] CHEN A, DARST P W. Situational interest in physical education: A function of learning task design [J]. Research Quarterly for Exercise and Sport, 2001, 72 (2): 150-164.

[36] CHEN A, DARST P W. Individual and situational interest: The role of gender and skill [J]. Contemporary Educational Psychology, 2002, 27 (2): 250-269.

[37] SHEN B, CHEN A, GUAN J. Using achievement goals and interest to predict learning in physical education [J]. Journal of Experimental Education, 2007, 75 (2).

[38] SHEN B, CHEN A. Examining the interrelations among knowledge, interests, and learning strategies [J]. Journal of Teaching in Physical Education, 2006, 25: 182-199.

[39] 葛耀君, 陆遵义, 卢昌亚. 影响学生体育学习情境兴趣的主因素研究 [J]. 心理科学, 2012 (2): 412-417.

[40] 姚玉龙. 初中生体育课堂情景兴趣问卷的编制与检验 [J]. 体育成人教育学刊, 2007 (1): 85-87.

[41] 姚玉龙. 体育课堂学习任务设计对初中生情景兴趣影响的实验研究 [J]. 体育与科学, 2008 (5): 72-78.

[42] 钟宇. 我国小学田径运动开展困境的成因及其突围路径 [D]. 北京: 北京体育大学, 2016.

[43] 孙南, 钟宇. 不同田径教学内容对学生情境兴趣激发的实验研究 [J]. 北京体育大学学报, 2013 (2): 93-97.

[44] 白炳贵. 体育情境教学模式理论研究 [J]. 成都体育学院学报, 2005 (5): 76-77.

[45] 李进. 体育情境教学实施的困惑因素及发展途径的研究 [J]. 赤峰学院学报 (自然版), 2010 (6): 72-73.

[46] 鲁国胜. 新课程背景下的初中体育情境教学模式 [J]. 中等职业教育, 2008 (5): 23-25.

[47] 李杰凯. 从 "运动制胜" 到 "运动致趣" 向俗回转的思考 [J]. 上海体育学院学报, 2012, 36 (1): 78-82.

[48] 李杰凯，兰彤，张楠，等．试论隔网球类运动的"流畅回合"之趣：基于运动项目娱人致趣原理的研究 ［J］．沈阳体育学院学报，2012（1）：7-10.

[49] 苏新荣，李刚，李杰凯．普通高校体育教学中运动项目趣味性要素的研究 ［J］．沈阳体育学院学报，2010（3）：82-84.

[50] 陈向明．质性研究：反思与评论 ［M］．重庆：重庆大学出版社，2008.

[51] 葛耀君．体育情境兴趣量表（PESIS）中文修订版的信度与效度验证及其应用的实证研究 ［D］．上海：上海师范大学，2005.

[52] 刘世铨．和平、理性与非理性 ［M］．呼和浩特：内蒙古大学出版社，2002.

[53] 于伟．现代性与教育：后现代语境中教育观的现代性研究 ［M］．北京：北京师范大学出版社，2008.

[54] 俞玉兹，张援．中国近现代美育论文选 ［M］．上海：上海教育出版社，1999.

[55] 燕良轼．解读后现代主义教育思想 ［M］．广州：广东教育出版社，2008.

[56] 舒尔茨．教育的感情世界 ［M］．赵鑫，译．上海：华东师范大学出版社，2010.

[57] 中央教育科学研究所比较教育研究室．简明国际教育百科全书：教学（下）［M］．北京：教育科学出版社，1990.

[58] 保罗·艾克曼．情绪的解析 ［M］．杨旭，译．海口：南海出版社，2008.

[59] 董妍．学业情绪与发展：从学业情境到学习兴趣的培养 ［M］.

合肥：安徽教育出版社，2012.

[60] 于伟. 现代性与教育：后现代语境中教育观的现代性研究 [M].北京：北京师范大学出版社，2006.

[61] 钟启泉. 对话教育：国际视野与本土行动 [M]. 上海：华东师范大学出版社，2006.

[62] 国际皮埃尔·德·顾拜旦委员会. 奥林匹克主义：顾拜旦文选 [M]. 刘汉全，邹丽，译. 北京：人民体育出版社，2008.

[63] 钟秉枢. 做 No.1 的教练：团队管理与领导艺术 [M]. 北京：北京体育大学出版社，2012.

[64] 雷纳·马腾斯. 执教成功之道 [M]. 钟秉枢，译. 北京：北京体育大学出版社，2007.

[65] 韩仁生，苗军芙，李传银. 教育心理学 [M]. 济南：山东人民出版社，2013.

[66] 李吉林. 儿童素质全面发展的有效途径：情境教学 [J].江西教育，2001（1）：33-35.

[67] 宗白华. 美从何处寻 [M]. 重庆：重庆大学出版社，2015.

[68] 叶水涛. 教育实践的"中国智慧"：李吉林情境教育理论的创建 [J]. 中国教育学刊，2018（8）：67-71.

[69] 刘海元，周登嵩. 论体育教学指导思想及其提出的基本思路 [J]. 北京体育大学学报，2002，25（1）：86-88.

[70] 刘昕. 现代国外教学思想与我国体育教学 [M]. 北京：教育科学出版社，2011.

[71] 孙科. 学校体育，路在何方？：专访教育部体育卫生与艺

术教育司司长王登峰 [J]. 体育与科学, 2013, 34 (2): 1-4.

[72] 殷伟. 体育组织的建立在于凸显体育的教育价值: 任海教授学术访谈录 [J]. 体育与科学, 2013 (2): 14-16.

[73] 卢家楣. 教学心理学情感维度上的一种教材处理策略: 超出预期 [J]. 心理发展与教育, 1998, 14 (3): 54-58.

[74] 钟启泉. 着眼于人格发展的教学模式: 现代教学模式论研究札记之三 [J]. 全球教育资料, 1984 (3): 13-20.

[75] 之光. 国外情感教学理论的发展及其启示: 对教学过程本质的再认识 [J]. 教育科学研究, 1987 (2): 36-40.

[76] RYAN R M, DECI E L. Self-Determination theory and the facilitation of intrinsic motivation, social development, and well-being [J]. The American Psychologist, 2000, 55 (1): 68-78.

[77] 王婷婷, 庞维国. 自我决定理论对学生学习自主学习能力培养的启示 [J]. 全球教育展望, 2009 (11): 40-43.

[78] HIGGINS E T. Making a good decision: Value from fit [J]. American Psychologist, 2000 (55): 1217-1230.

[79] LEE A Y, AAKER J L. Bringing the frame into focus: theinfluence of regulatory fit on processing fluency and persuasion [J]. Journal of Personality and Social Psychology, 2004, 86 (2): 205-218.

[80] EVANS L M, PETTY R E. Self-guide framing and persuasion: Responsibly increasing message processing to ideal levels [J]. Personality and Social Psychology Bulletin, 2003, 29 (3): 313-324.

[81] RONEY C, HIGGINS E T, SHAH J. Goals and framing: How outcome focus influences motivation and emotion [J]. Personality

and Social Psychology Bulletin, 1995, 21（11）：1151-1160.

［82］王芳芳，徐学福. 自主学习的分层理论指导流程：来自齐莫曼思想的启示［J］. 中国教育学刊，2011（11）：49-52.

［83］ZIMMERMAN B J. Becoming a self-regulated learner：Which are the key subproce sees？［J］. Contemporary Educational Psychology，1986，11（4）：307-313.

［84］SCHUNK D H. Learning theories：An educational perspective［J］. Learning Theories An Educational Perspective, 2011, 31（10）：459-460.

［85］SCHUNK D H, ZIMMERMAN B J. Social origins of self-regulatory competence［J］. Educational Psychologist，1997，32（4）：195-208.

［86］王智慧. 运动训练学研究进展：理论热点与综合向度：田麦久教授学术访谈录［J］. 体育与科学，2013（5）：4-8.

［87］茅鹏. 论足球改革［J］. 体育与科学，2013（5）：9-13.

［88］陈少波，付全. 论运动项目的自然强化功能［J］. 沈阳体育学院学报，2004，23（4）：463-465.

［89］托马斯·克伦普. 数字人类学［M］. 郑元者，译. 北京：中央编译出版社，2007：238.

［90］李杰凯，张云鹏，魏晓磊，等. 论同场对抗球类运动的"拼抢与命中争分"之乐：基于运动项目娱人致趣原理的研究［J］. 沈阳体育学院学报，2012（2）：1-5.

［91］MCCOMB D G. Sports in world history［M］. London：Routledge，2004：45-46.

［92］董春雨. 对称性与人类心智的冒险［M］. 北京：北京师

范大学出版社, 2007: 12.

[93] MCCOMB D G. Sports in world history [M]. London: Routledge, 2004.

[94] BRIAN T P. Basketball: its origin and development [J]. Sport History Review, 1997, 28 (1): 73-74.

[95] 高鹏飞. 论三大球项目起源 [J]. 体育文化导刊, 2012 (11): 131-135.

[96] 颜沼沪. 体育运动史 [M]. 人民体育出版, 1990.

[97] 张永军, 张树军, 王京龙. 世界足球起源研究: 临淄蹴鞠发展及其传播推阐 [J]. 中国体育科技, 2007, 43 (4): 36-42.

[98] 谭华. 体育史 [M]. 北京: 高等教育出版社, 2009.

[99] J. E. 利普斯. 事物的起源: 简明人类文化史 [M]. 汪宁生, 译. 贵阳: 贵州教育出版社, 2010.

[100] 张斌. 张斌话规则 [M]. 北京: 电子工业出版社, 2012.

[101] BAUMEISTERRF R F, STEINHILBERA. Paradoxical effects of supportive audiences on performance under pressure: The home field disadvantage in sports championships [J]. Journal of Personality and Social Psychology, 1984, 47 (1): 85-93.

[102] BRAYSR S R, JONES M V, OWEN S, et al. The influence of competition location on athletes' psychological states [J]. Journal of Sport Behavior, 2002, 25: 231-242.

[103] BRAY S R, WIDMEYER W N. Athletes' perceptions of the home advantage: An investigation of perceived causal factors [J]. Journal of Sport Behavior, 2000, 23: 1-10.

［104］TETTY P C, WALROND N, CARRON A V. The influence of game location on athletes' psychological states ［J］. Journal of Science and Medicine in Sport, 1998, 1 (1)：29-37.

［105］李杰凯, 张云鹏, 魏晓磊, 等. 论同场对抗球类运动的拼抢与命中争分之乐：基于运动项目娱人致趣原理的研究 ［J］. 沈阳体育学院学报, 2012 (2)：1-5.

［106］兰德尔·柯林斯. 互动仪式链 ［M］. 林聚任, 译. 北京：商务印书馆, 2009.

［107］麦克道威尔. 心灵与世界 ［M］. 刘叶涛, 译. 北京：中国人民大学出版社, 2006.

［108］乔治·维加雷洛. 体育神话是如何炼成的 ［M］. 乔咪加, 译. 北京：中国人民大学出版社, 2015.

［109］孙玉芹, 薛国凤. 北洋时期童子军训练模式及其历史经验 ［J］. 中州学刊, 2014, 206 (2)：142-146.

［110］范叶飞, 马卫平. 我国学校体育课程的"钟摆现象"管窥：基于学科向度与生活向度的二维视角 ［J］. 体育科学, 2017 (2)：3-15.

［111］施芳芳, 戴敬东. 中国学校体育价值立场的钟摆化演化 ［J］. 武汉体育学院学报, 2011, 45 (11)：72-76.

［112］曹孚. 外国教育史 ［M］. 北京：人民教育出版社, 1979.

［113］冯增俊. 当代西方学校道德教育 ［M］. 广州：广东教育出版社, 1993.

［114］GALL T L. Worldmak Encyclopedia of Cultures and Daily Life (Volume4) ［M］. ML：Gale Research, 1997.

后　记

　　我大三的时候，一个偶然的机会在陕西师范大学旁听了一次教育心理学的多元智能理论讲座，对非智力因素和空间感知觉的内容耳目一新，从此有意无意间我开始关注非智力因素和空间感知觉方面的相关资料。研究生学习期间，我在西安体育学院赵诚民教授的带领下，选择了篮球运动员的罚篮专项感知觉作为硕士论文的研究主题。在北京体育大学博士生学习阶段，我有幸得到了沈阳体育学院李杰凯教授的指导，在导师"运动娱人致趣"研究方向的指引下，我把运动情境兴趣作为博士论文选题。博士学习期间，我研读了国内外大量的有效教学、教学氛围、教学环境、学习理论、动作技能学、非理性认知、运动项目发生学等方面的文献。

　　"纸上得来终觉浅，绝知此事要躬行。"一次我在清华大学对大一学生的选课动机进行访谈，这次访谈改变了我对原有研究方向的一些认识。我本以为，作为中国最杰出的高等学府之一的大学生，选课时会很理性，会因运动项目的特征吸引力进行选择，不料某学生回答我："任何体育课我都喜欢，有阳光，可以出汗，不用坐在教室推演公式……"这激发我更进一步探寻学生选课动机多样性的研究，特别是一些学生告诉我："我被宿舍的同学拉过来上排球课了……"这也令我至今思考：人们现在喜欢的运动项目是如何发生的？这种喜欢在多大程度上是一种自主选择，在多大程度上是一种社会的外部控制？在探寻这两个问题答案的过程中，我更加坚定了研究要坚持"从学生中来到学生中去"的路线和基调。我们看到的和想到的与学生自己内心的真实想法未必是一致的，他们能提供给研究者更为宽广的视角和不同的诠释理路。这大概也是研究对象的异质性以及质性研究的魅力之处吧。当然，几年来的大量访谈也的确证实了喜欢是一种场域下的有限选择抑或是一种对比，更有可能是出于一种社会外部的单一性控制。在访谈中有学生很好地揭示了这一点，"在三大球中我当然喜欢篮球了，我接触篮球时间早，从小学到中学也只有篮球场地，我就一条道地走到黑了……"我在质性访谈中发现了不同青少年甚至其家长对同一事物的不同反应，在这些反应中也凸显了社会文化结构的重要作用，这也正是社会学所强调的个体、群体和社会间的复杂互构关系。

因此，我特别感谢接受访谈的那些本科生和研究生，他们所提供的那些文本、录音等资料让我真正走进了他们的体育世界，甚至是他们的青春岁月。正是他们"有血有肉"的激情叙事，让我的研究不显得乏味和枯燥，他们在体认中对包括"三大球"在内的所有体育的"真"看法，让我的研究也颇具情怀与温度。在此，再次感谢所有我访谈中的那些署名和没有署名的同学，他们来自清华大学、西安电子科技大学、西南科技大学、西藏民族学院等高校及唐山一中等中学。在此，对向我慷慨相助的朋友、同事，以及我的研究团队成员表以最为衷心的感激，他们是吴杰、张志斌、李松泰、夏锦民、何胜宝、张李强等。

感谢恩师李杰凯教授把我带进了体育情境兴趣研究的大门，开启了后续我对青少年体育参与促进、青少年体育素养以及青少年体育参与和治理的相关研究，并主持了国家社科基金、西安市社科基金等项目。与此同时，在这些学术机构的支持下开阔了我的学术视野，激发了我进一步求真和探索的内生动力。